JN056997

事例に学ぶ
建物明渡事件入門

【第2版】

権利実現の思考と実務

弁護士 **松浦裕介**
弁護士 **岩本結衣** ［著］

発行 ⊕ 民事法研究会

第 2 版　は　し　が　き

　平成26年 3 月の初版発行から 8 年以上の月日が流れた。

　この間、賃貸借契約に影響する法分野では、賃貸住宅管理業法の制定、民法改正、民事執行法改正などの動きがあった。賃貸住宅管理業法は、これまで公法的な規制が及んでいなかった不動産業者による賃貸管理業務についてのルールを新設するという点で大きな意義がある。また、民法改正では賃貸借契約の基本的なルールに変更はなかったが、個人保証人の責任が制限された。一方で、民事執行法の改正により財産調査の選択肢が増え、滞納賃料の回収に影響が生じた。

　不動産市況に目を向けると、新型コロナウイルスへの対応によって大きな混乱と経済活動の停滞が引き起こされた。筆者の事務所がある京橋では平成の終わりころから雨後の筍のごとく建築された真新しいビジネスホテルの多くが長期休業状態となり、銀座の大型商業施設でもフロアの半分以上にシャッターが下りる寒々しい光景がいまだに散見される。令和 4 年の地価公示価格（全国平均・全用途平均）は 2 年ぶりの上昇に転じたが、商業地の上昇率は全国平均で0.4％、東京23区でも0.7％にとどまっており、今後の動向は見通しづらい状況にある。

　建物明渡事件は、一つの建物やその敷地の使用を求める二者以上の争いである。したがって、人々が求める物件が多種多様であれば、建物明渡事件の発生リスクは小さくなるはずである。

　この点、コロナ禍で導入されたテレワークは、大都市部に偏ったオフィスや住宅の需要分布に大きな変動をもたらすことを期待された。しかし、職場と家庭という空間的区別の消滅は、労働とプライベートの時間的区別の消滅にもつながりやすく、際限なく働き続ける社員とそれに依存する社員との二極化を助長しかねない。特に、時間管理・待遇の平等・雇用の継続を重視する日本の法制度下でのテレワーク実施はこうした弊害を招きやすく、現にリ

モートワークを制限・廃止して出社へ戻す動きもみられる。よって、都市部の不動産への需要集中とこれによる建物明渡事件の発生という構図は、今後も大きく変わることはないであろうと予想している。

　少子高齢化、労働人口の減少、約30年にも及ぶ経済停滞という苦境の中、日本が再び国際競争力を取り戻すためにも、限られた不動産資源の有効活用が望まれる。本書が、迅速かつ合理的な権利処理のために少しでも役に立てば幸いである。

　令和4年11月吉日

　　　　　　　　　　　　　　　　弁護士　松浦　裕介

は し が き

　高校時代、初めて親元を離れて暮らした三鷹の古いアパートを、窓下にたゆたう玉川上水の物憂げな流れを、ドアに鍵を下ろした時のとめどない感傷を、私は今も忘れることができない。

　家屋は生活の舞台である。壁紙に刻まれた生活の色は静かに眠る春秋の記録である。過ぎ去った日々に思いを馳せる時、そこには慣れ親しんだ、しかし二度と足を踏み入れることのできないあの部屋の光景がある。

　他方で、家屋は物である。家屋は取引の客体である。所有者にとっては家屋はかけがえのない資産であり、賃料は生活の糧となる。

　私はこれまで不動産業者および個人の不動産オーナーからのご依頼に恵まれ、多くの建物明渡事件を担当してきたが、建物明渡しをめぐる紛争は他の紛争とは異質であると実感している。多くの場合、所有者・居住者の双方にとって、家屋の明渡しは大変に深刻な問題である。また、事業用建物の明渡しは、時に企業の存続にかかわる重大な問題となる。建物明渡しにかかわる者は、1つひとつの明渡事件の背景に潜む実情に光を当てることを忘れてはならない。本書の執筆を通じて、そのことを再認識した次第である。

　本書は、民事法研究会の「事例に学ぶシリーズ」の1つとして刊行されたものである。同シリーズは、経験の浅い弁護士、司法修習生、法科大学院生等を主な読者層として、事件の相談から解決までを時系列に沿って、具体的な事件を追体験できるような形式で解説することをコンセプトとしている。

　本書も基本的にはそのコンセプトに則ったものであるが、建物明渡事件という題材の特性上、法曹やこれを志す方のみならず、司法書士、不動産業者、賃貸不動産のオーナー等も読者層として想定し、実際に筆者が担当した事案をベースとして、平易かつ実務的な記載を心がけたつもりである。その反面、学術的には不正確な面も多々存在するであろうことをお許しいただきたい。

　本書の第1編は建物明渡事件に関する総論である。とはいえ、借地借家法の重要条文・重要判例を解説するようなことはほとんどしていない。建物明渡事件がどのような特色をもっているか、建物明渡事件の解決にはどのような知識や心構えが必要か、建物明渡しをめぐる紛争を予防するにはどうすればよいかという点につき、これまでの経験に基づく私見を述べた。

　第2編が本書のメインパートであり、建物明渡しに関する事件についてのモデルケースを設定し、その相談から解決までを時系列的に説明したものである。また、法律上の分類としては建物明渡事件ではないが、区分所有マンションにおいて管理費滞納があった場合に、売買によって所有権を移転させて退去を実現する事例も紹介している。

　第2編の章立ては契約の終了原因に着目したものであるが、実体法上の明渡義務を確定するまでのプロセスとして、交渉による私的合意・即決和解・仮処分・通常訴訟といったバリエーションが存在する。また、最終的な退去の実現についても強制執行と任意退去がある。本書では、第2編全体を通じてひととおりこれらの紛争解決過程を紹介できるよう心がけた。たとえば、賃料滞納の事案を解決するにあたっても強制執行については第4章を参照いただくなど、必要に応じて横断的に利用いただければ幸いである。

　なお、前記のような私自身の実務経験から、本書では一貫して貸主側（区分所有建物においては管理組合側）の代理人の視点で事案を構成しているが、借主側の対応についても言及し、検討を加えている。

　本書の執筆にあたっては、同シリーズの『事例に学ぶ行政訴訟入門』、『事例に学ぶ保全・執行入門』の著者である野村創先生に大きなご助力をいただいた。ご多忙の中的確なアドバイスをいただいたことに、心よりお礼申し上げたい。

　また、民事法研究会の安倍雄一氏には大変お世話になった。市井の無名な一弁護士にすぎない私に処女作を世に送り出す機会をいただき、その後も完成に至るまで丁寧なサポートをいただいたことに、この場を借りてお礼申し

上げたい。

平成26年3月

弁護士　松浦　裕介

『事例に学ぶ建物明渡事件入門〔第2版〕』

目　　次

第1編　建物明渡事件のポイント

第1章　建物明渡事件の類型と基本的考察 ……… 2

Ⅰ　無権原型 …………………………………………………………… 3
　1　占有移転禁止の仮処分プラス通常訴訟は最善策か ……………… 3
　2　建物明渡断行仮処分の有効性 ……………………………………… 4
Ⅱ　使用借権型 ………………………………………………………… 5
　1　使用借権型の特殊性 ………………………………………………… 5
　2　賃貸借契約と使用貸借契約の分水嶺 ……………………………… 6
Ⅲ　賃借権型 …………………………………………………………… 7
　1　一時使用目的、定期借家の場合の留意点 ………………………… 7
　2　借地借家法適用の有無に関する争い（社宅、テナント、シェア
　　　オフィス）………………………………………………………… 8
Ⅳ　所有権型 …………………………………………………………… 9
　1　管理費の滞納 ……………………………………………………… 10
　2　区分所有者の共同の利益に反する行為 ………………………… 10

第2章　建物明渡事件の特徴 ……………………… 12

Ⅰ　紛争の先鋭化 …………………………………………………… 12
Ⅱ　解決見通しの困難さ …………………………………………… 13
　1　正当事由 …………………………………………………………… 13
　2　立退料 ……………………………………………………………… 14

　　3　信頼関係……………………………………………………15

Ⅲ　広範な知識の必要性……………………………………17

　　1　税務に関する基本的な理解………………………………17

　　2　不動産鑑定評価書の読み方………………………………18

　　3　決算書の読み方……………………………………………19

　　4　公法上の問題………………………………………………21

Ⅳ　小括〜代理人の立場からみた建物明渡事件〜………………22

第3章　建物明渡事件の予防………………24

Ⅰ　契約書の重要性……………………………………………24

　　1　契約書が存在しない場合の問題点………………………24

　　2　借主にとっては契約書がないほうが得か………………25

　　3　法定更新の問題点…………………………………………25

Ⅱ　連帯保証人の重要性………………………………………27

Ⅲ　定期借家の有効性…………………………………………28

　　1　浸透しない定期借家契約…………………………………28

　　2　貸主が定期借家契約を避ける理由は……………………29

　　3　見落としがちな定期借家契約のメリット………………29

Ⅳ　早期の法律相談、バックアップ体制の必要性……………31

　　1　期間満了前の通知…………………………………………31

　　2　戦略的な明渡請求…………………………………………31

　　3　契約違反に対する対処……………………………………32

　　4　継続的な相談体制の構築…………………………………32

　　　コラム　預り物は半分の主？……………………………33

第4章　民法改正の影響………………………35

Ⅰ　賃貸借契約と連帯保証債務………………………………35

Ⅱ　改正後民法の新ルール ……………………………………………36

　1　賃借人債務の保証契約における極度額の設定 ……………36

　2　個人根保証債務の元本確定事由の新設 ……………………39

　3　保証人への情報提供義務 ……………………………………41

Ⅲ　賃貸借契約の更新と改正法適用の関係 …………………………44

　1　合意更新、自動更新の場合 …………………………………44

　2　法定更新の場合……………………………………………45

　3　定期借家契約の場合 …………………………………………46

　4　まとめ………………………………………………………46

第2編　建物明渡事件の現場
──モデルケースを素材として

第1章　解約申入れ──正当事由と立退料を めぐる訴訟 ……48

Ⅰ　事案の概要 ……………………………………………………48

Ⅱ　実務上のポイント ……………………………………………49

Ⅲ　初回相談……………………………………………………49

　1　検討──建物明渡交渉はどのように行うべきか …………52

　【書式1-1】　解約申入れにより建物明渡しを求める通知書

　　　（〈*Case* ①〉）……………………………………………56

　2　検討──正当事由とは何か …………………………………57

Ⅳ　訴訟提起………………………………………………………59

　1　訴状の作成……………………………………………………59

　【書式1-2】　解約申入れによる建物明渡しを拒否する回答書

　　　（〈*Case* ①〉）……………………………………………59

【書式1-3】　訴状——解約申入れによる建物明渡請求（〈*Case* ①〉）‥‥60

　2　検討——訴状には何を記載すべきか ‥‥‥‥‥‥‥‥‥‥‥‥‥‥65

Ⅴ　第1回期日（口頭弁論、擬制陳述）‥‥‥‥‥‥‥‥‥‥‥‥‥‥‥69

Ⅵ　第2回期日（口頭弁論）‥‥‥‥‥‥‥‥‥‥‥‥‥‥‥‥‥‥‥‥69

【書式1-4】　解約申入れによる建物明渡事件の被告（借主）準備書面
　　　　　　（〈*Case* ①〉）‥‥‥‥‥‥‥‥‥‥‥‥‥‥‥‥‥‥‥70

Ⅶ　第3回、第4回期日（口頭弁論：被告の経営状況に関す
　　る攻防）‥‥‥‥‥‥‥‥‥‥‥‥‥‥‥‥‥‥‥‥‥‥‥‥‥‥‥72

Ⅷ　第5回、第6回期日（弁論準備：和解に関する意向聴取）‥‥73

Ⅸ　第7回、第8回期日（弁論準備：立退料をめぐる双方の
　　主張）‥‥‥‥‥‥‥‥‥‥‥‥‥‥‥‥‥‥‥‥‥‥‥‥‥‥‥‥75

　1　〈*Case* ①〉における原告・被告の立退料‥‥‥‥‥‥‥‥‥‥‥75

　2　検討——立退料はどのように算定されるか ‥‥‥‥‥‥‥‥‥‥77

Ⅹ　第9回、第10回期日（弁論準備期日：証拠調べの移行）‥‥‥83

Ⅺ　第11回期日（口頭弁論：原告・被告本人尋問）‥‥‥‥‥‥‥‥83

Ⅻ　第12回期日（和解期日）‥‥‥‥‥‥‥‥‥‥‥‥‥‥‥‥‥‥‥83

ⅩⅢ　1審判決‥‥‥‥‥‥‥‥‥‥‥‥‥‥‥‥‥‥‥‥‥‥‥‥‥‥‥85

ⅩⅣ　控　訴‥‥‥‥‥‥‥‥‥‥‥‥‥‥‥‥‥‥‥‥‥‥‥‥‥‥‥‥85

ⅩⅤ　控訴審第1回期日（和解）‥‥‥‥‥‥‥‥‥‥‥‥‥‥‥‥‥‥86

　1　事実経過‥‥‥‥‥‥‥‥‥‥‥‥‥‥‥‥‥‥‥‥‥‥‥‥‥‥86

【書式1-5】　和解調書——訴訟上の和解により立退料と引換えに
　　　　　　建物を明け渡す場合（〈*Case* ①〉）‥‥‥‥‥‥‥‥‥88

　2　検討——控訴審における対応 ‥‥‥‥‥‥‥‥‥‥‥‥‥‥‥‥89

　コラム　不動産業者による明渡交渉は合法？ ‥‥‥‥‥‥‥‥‥‥89

第2章 賃料不払い①──訴訟外での解決が
可能なケース ······94

Ⅰ 事案の概要 ······94
Ⅱ 実務上のポイント ······95
Ⅲ 初回相談 ······95
　【書式2-1】 賃料を滞納している借主に対する通知書（〈*Case* ②〉）···98
　1 検討──賃料滞納者に対する対応の基本方針 ······99
　2 検討──受任通知に記載すべき内容 ······100
Ⅳ 借主からの電話 ······102
　1 Ｙ氏とのやりとり ······102
　2 検討──借主から連絡があった場合の対応・*Point*──借主との
　　面談の機会を設けるか ······103
Ⅴ 借主との面談 ······104
　1 Ｙ氏とのやりとり ······104
　2 検討──借主との初回面談のポイント ······106
Ⅵ 面談後の交渉 ······110
　【書式2-2】 賃料不払解除による明渡合意書（〈*Case* ②〉）······110
Ⅶ 合意書締結後 ······112
　1 事実経過 ······112
　2 検討──明渡合意書の記載事項 ······112
　コラム 賃料滞納と自力救済 ······114

第3章 賃料不払い②──訴訟による解決を
図るケース ······116

Ⅰ 事案の概要 ······116
Ⅱ 実務上のポイント ······116

Ⅲ　初回相談 ……………………………………………… 117

　1　相談時のやりとり ………………………………… 117

　【書式3-1】　賃料滞納中の賃借人および連帯保証人に対する通知書

　　　　　（〈*Case* ③〉）………………………………… 118

　2　検討——受領拒否が予想される場合の通知方法 ……… 120

Ⅳ　訴訟提起 ……………………………………………… 121

　1　内容証明郵便の送達状況 ………………………… 121

　【書式3-2】　賃料滞納中の賃借人および連帯保証人に対する訴状

　　　　　（〈*Case* ③〉）………………………………… 121

　2　検討——賃料滞納による建物明渡事件の訴状 ……… 126

Ⅴ　連帯保証人からの連絡 ……………………………… 127

Ⅵ　第１回期日 ………………………………………… 129

　1　法廷でのやりとり ………………………………… 129

　2　検討——連帯保証人の役割 ……………………… 132

Ⅶ　第２回期日 ………………………………………… 132

Ⅷ　第３回期日（和解成立）…………………………… 134

Ⅸ　明渡完了 ……………………………………………… 135

　【書式3-3】　賃料滞納中の賃借人および連帯保証人との和解条項

　　　　　（〈*Case* ③〉）………………………………… 135

　　コラム　「無資力の抗弁」とどうつき合うか …………… 136

第4章　用法遵守義務違反——建物明渡断行
**　　　　の仮処分、強制執行** ……………………… 140

Ⅰ　事案の概要 ………………………………………… 140

Ⅱ　実務上のポイント ………………………………… 140

Ⅲ　初回相談 ……………………………………………… 141

　1　相談時のやりとり ………………………………… 141

【書式4-1】 建物明渡断行仮処分申立書（〈*Case* ④〉）····················144

　2　検討──用法遵守義務違反の場合の基本方針 ·············148

　3　検討──仮処分申立書の作成方法 ·····················151

Ⅳ　債権者面接 ··152

　1　裁判官とのやりとり ······························152

　2　検討──債権者面接での確認事項 ·················154

Ⅴ　双方審尋 ··155

　1　裁判所でのやりとり ······························155

　2　検討──双方審尋における対応・*Point*──和解内容の検討·······157

【書式4-2】 建物明渡断行仮処分の和解条項（〈*Case* ④〉）·············158

Ⅵ　強制執行申立て ···159

　1　明渡期限を迎えて ································159

　2　検討──強制執行申立ての留意事項 ···············159

【書式4-3】 強制執行申立書（〈*Case* ④〉）····················160

Ⅶ　明渡催告 ··162

Ⅷ　任意退去および執行取下げ ···163

Ⅸ　費用の清算 ···163

　1　〈*Case* ④〉における執行費用·····················163

　2　検討──建物明渡強制執行の留意事項 ·············164

　コラム　賃貸住宅の管理業務等の適正化に関する法律 ·················167

第5章　内縁の妻に対する明渡し──即決和解の活用 ················172

Ⅰ　事案の概要 ···172

Ⅱ　実務上のポイント ···172

Ⅲ　初回相談 ··173

Ⅳ　方針検討 ··176

1　修習生との会話·· 176

2　検討──見通しの微妙な明渡事件における基本方針 ·············· 177

Ⅴ　相続人から被相続人の内妻に対する明渡請求の裁判例 ······ 178

Ⅵ　相手方との書面交渉 ··· 180

【書式 5-1】　内妻に建物明渡しを求める受任通知（〈*Case* ⑤〉）······· 180

【書式 5-2】　内妻が建物明渡しを拒否する旨の回答書（〈*Case* ⑤〉）··· 182

Ⅶ　相手方代理人との面談 ·· 184

1　相手方代理人とのやりとり ···································· 184

2　修習生との協議··· 185

3　検討──即決和解に関する問題 ································· 187

Ⅷ　即決和解申立て ··· 190

【書式 5-3】　即決和解申立書（〈*Case* ⑤〉）····················· 191

Ⅸ　即決和解成立 ·· 193

第6章　親族間の使用貸借と明渡し········· 194

Ⅰ　事案の概要 ·· 194

Ⅱ　実務上のポイント ·· 194

Ⅲ　初回相談 ··· 195

Ⅳ　方針検討（修習生との会話）····································· 198

【書式 6-1】　無権原で建物占有を続ける親族に対する受任通知

（〈*Case* ⑥〉）··· 200

Ⅴ　相手方との面談 ··· 200

Ⅵ　相手方による引き延ばし ·· 203

Ⅶ　訴訟提起··· 205

1　相手方代理人とのやりとり ···································· 205

【書式 6-2】　無権原で建物占有を続ける親族に対する訴状

（〈*Case* ⑥〉）··· 205

2　検討──訴状作成の要点 …………………………………… 208

Ⅷ　第 1 回期日 ……………………………………………………… 210

Ⅸ　第 2 回期日 ……………………………………………………… 211

1　第 2 回期日～ X との打合せ …………………………………… 211

2　検討──和解協議に臨む姿勢 ………………………………… 214

Ⅹ　第 3 回期日（和解成立）……………………………………… 216

【書式 6-3】　無権原で建物占有を続ける親族との和解条項
（《*Case* ⑥》）……………………………………… 216

Ⅺ　明渡し立会い …………………………………………………… 218

第 7 章　マンション管理費滞納への対応 ……… 219

Ⅰ　事案の概要 ……………………………………………………… 219

Ⅱ　実務上のポイント ……………………………………………… 219

Ⅲ　初回相談 ………………………………………………………… 219

Ⅳ　方針検討 ………………………………………………………… 223

1　修習生との会話 ………………………………………………… 223

2　検討──管理費債権の特殊性 ………………………………… 225

【書式 7-1】　管理組合の代理人から管理費滞納者に対する督促通知
（《*Case* ⑦》）……………………………………… 228

Ⅴ　書面による交渉 ………………………………………………… 229

1　支払督促か訴訟か ……………………………………………… 229

2　検討──管理組合を訴訟当事者とする場合の基礎知識 ………… 232

Ⅵ　支払督促申立て ………………………………………………… 234

【書式 7-2】　管理費滞納者に対し法的措置を講じることについて
の理事会議事録（《*Case* ⑦》）……………………… 234

【書式 7-3】　管理費滞納者に対する支払督促申立書（《*Case* ⑦》）…… 235

Ⅶ　訴訟移行 ………………………………………………………… 237

【書式 7-4】 訴状に代わる準備書面（支払督促→通常訴訟の移行時）

（〈*Case* ⑦〉）……………………………………………………… 238

Ⅷ 第Ⅰ回期日 …………………………………………………………… 239

1 第 1 回期日にて………………………………………………………… 239

2 相手方とのやりとり ………………………………………………… 240

3 検討――弁護士以外の者の関与にどう対処すべきか ……………… 241

Ⅸ 期日間の交渉………………………………………………………… 243

Ⅹ 第 2 回期日（訴訟上の和解）……………………………………… 243

Ⅺ 物件売却および債務の弁済………………………………………… 243

【書式 7-5】 管理組合・管理費滞納者の和解条項（〈*Case* ⑦〉）……… 244

・事項索引…………………………………………………………………… 245

・著者略歴…………………………………………………………………… 247

凡 例

〈法令等略語表〉

民	民法
改正法	民法の一部を改正する法律（平成29年法律第44号）による改正後の民法
旧法	民法の一部を改正する法律（平成29年法律第44号）による改正前の民法
民訴	民事訴訟法
民執	民事執行法
民保	民事保全法
民調	民事調停法
借地借家	借地借家法
区分所有	建物の区分所有等に関する法律

〈判例集略称表記〉

民（刑）集	最高裁判所民（刑）事判例集
下民集	下級裁判所民事裁判例集
判時	判例時報
判タ	判例タイムズ

第1編 建物明渡事件のポイント

第1章　建物明渡事件の類型と基本的考察

　一口に「建物明渡事件」といってもその背景に潜む紛争の実態は多種多様であるが、占有者の占有権原に着目すれば以下のとおり分類できる。

① 無権原型
　　例：競落された不動産に前所有者や第三者が居座り退去しないケース
　　　　元賃借人の同居人、従業員等が、元賃借人の退去後も不法占有するケース
② 使用借権型
　　例：所有者が死亡し相続人が建物を相続したが、所有者の内妻が居住を続けているケース（第2編第5章）
　　　　親戚や友人に無償で部屋を貸したが退去しないケース（第2編第6章）
③ 賃借権型
　　例：期間満了（更新拒絶）に基づき明渡しを求め、正当事由が争われるケース（第2編第1章）
　　　　賃料不払いにより契約を解除して明渡しを求めるケース（第2編第2章、第3章）
　　　　用法義務違反、無断転貸等の契約違反を理由に明渡しを求めるケース（第2編第4章）
④ 所有権型

例：区分所有建物において管理費の長期滞納や著しい迷惑行為があっ
　　た場合に、競売申立てにより退去明渡しを実現するケース（第2編
　　第7章）

以下、各類型の典型的な争点や解決のポイントを述べる。

Ｉ　無権原型

　占有者におよそ占有権原を見出すことができないという類型である。客観
的に占有権原が認められないだけではなく、占有者自身も自身に権原がある
とは考えていないか、少なくとも自身が当該建物を占有することがなぜ許さ
れるのか、明確に説明できないようなケースがこれにあたる。

　この類型に属する紛争は減少傾向にあると推測される。バブル期には、
「競売で落札した物件を見に行ったら、強面の男たちに占拠されていた」と
いうような話が少なからずあったと聞くが、平成8年に改正民事執行法が施
行され、このような事例では引渡命令の活用により早期解決を図ることが可
能になった（民執83条）。このこととバブル崩壊による不動産価格の下落が
重なったため、競落人が不法占有者に多額の対価を支払う理由がなくなり、
いわゆる「占有屋」というビジネス自体が衰退していったといわれている。

　一般に、この類型に属する紛争は法的解決を図ることが容易である。所有
者とすれば、自身の所有権と相手方の占有さえ立証できれば、明渡しを命じ
る判決を得ることができるからである。

1　占有移転禁止の仮処分プラス通常訴訟は最善策か

　教科書的には、「このような類型ではまず占有移転禁止の仮処分を申し立
てたうえで、建物明渡請求訴訟を提起せよ」といわれることが多いが、筆者
はこの方法が最善であるとは思わない。

　占有移転禁止の仮処分の目的は、当該仮処分がなされた後に占有者が変わった場合に、前占有者に対する債務名義をもって後の占有者に対する強制執行を可能にする点にある（当事者恒定効）。すなわち、現占有者と通常訴訟で争っている間に現占有者が第三者に占有を移してしまうと、所有者は勝訴判決を得ても新占有者に対して建物明渡しの強制執行をなし得ず、再び債務名義を取得する必要に迫られる。そこで、占有移転禁止の仮処分を得ておけば、現占有者を当事者として固定でき、占有者の交代による執行妨害に対処できるという利点がある。

　しかし、占有移転禁止はあくまでその後の通常訴訟を無駄にしないための予防策にすぎない。通常訴訟の場合、訴状提出から第1回期日までに1カ月ほど要し、第1回期日に請求棄却を求める答弁書が出されれば期日は続行となる。第2回期日を口頭弁論として指定されてしまうと、結審はさらに約1カ月先となる。このように、債務名義を得て明渡しを実現するまでには相当の時間がかかってしまう。占有者に対しては不法占有期間中の賃料相当損害金を請求することが可能であるが、一般にこのような類型で賃料相当損害金を回収することには困難が予想される。

2　建物明渡断行仮処分の有効性

　そこで検討すべき手段が建物明渡断行仮処分である。占有移転禁止の仮処分を申し立てるくらいならば、まず建物明渡断行仮処分を申し立てるほうが得策であると考える。そのうえで、裁判官との債権者面接を経て見通しが芳しくない場合には、申立ての趣旨を占有移転禁止の仮処分に切り替えることも可能である（建物明渡断行仮処分の手続については、第2編第4章を参照されたい）。

　先に述べたとおり、無権原型の場合は所有者の明渡請求権は容易に認められる。かつ、全くの無権原で建物を占有するような輩に占有を続けさせれば、回復不能な損害が生じるおそれが高い。すなわち、保全決定を得るための要

件、被保全権利と保全の必要性の双方が認められやすい類型であるといえる。

　また、建物明渡断行仮処分は仮の地位を定める仮処分であるから、占有移転禁止仮処分と異なり、必要的審尋である（民保23条4項）。すなわち、仮処分決定に先立ち、裁判所から占有者に呼出状が届くことになり、裁判官を仲裁者として早期に話合いができる可能性が高いというメリットがある（仮処分手続における和解については、第2編第4章を参照されたい）。

　なお、建物明渡断行仮処分というと高額の担保金が必要となると考えがちだが、無権原型であることが明確な場合には必ずしも高額の担保金を積む必要性はないであろう。明渡断行仮処分の場合、本案を経ずして事実上目的を達成できることや、本案判決を得て供託金を取り戻す場合、供託金の年利が0.0012％という低水準であることからしても、極力担保金の額を低く抑えられるよう、裁判官の説得に努めるべきであろう。

Ⅱ　使用借権型

　使用貸借契約に基づいて占有が開始されたが、貸主が契約の終了原因を主張して明渡しを求めるケースである。契約書が存在しない場合も多い。

　使用借権型の契約件数はさほど多くないと推測されるが、紛争に発展する割合は相対的に高い印象がある。

1　使用借権型の特殊性

　一般に、見ず知らずの人間との間に使用貸借が生じることはほとんどなく、貸主と借主の間に、親族関係・男女関係・会社のオーナー社長と会社等、特別な人間関係がある場合が大半といえる。よって、使用貸借をめぐる紛争は、その背後にある人間関係のもつれ、たとえば相続の発生、交際の解消、会社支配権紛争の勃発等に端を発して建物明渡事件に発展するケースが多いといえる。ゆえに、賃借権の場合に比べれば法律関係は明確であるにもかかわら

ず、明渡しの実現に時間と労力を要するケースが多い。

2　賃貸借契約と使用貸借契約の分水嶺

　貸主と借主の間に貸借があることは争いがないものの、当該貸借が賃貸借契約なのか使用貸借契約なのかが争われるケースもある。たとえば、借主が貸主に支払う金額が建物の固定資産税額と同等であったり、兄弟間で親の面倒をみることを条件に建物を貸借したりするようなケースである。

　判例は、異常に低廉な賃料が定められた貸借関係を賃貸借契約と認定するためには、そのように認定するだけの特別の事情の存在を確定する必要があるとしており（大判大正14・2・26判例集未登載）、その解釈が問題となる。

　第1に、「異常に低廉な賃料」とは具体的にどの程度か、適正賃料の何分の1かというような明確な基準は判例上示されていない。

　この点、上記の固定資産税のみの負担の例でいえば、一般に不動産の固定資産税は当該物件の適正賃料に比して相当に低額であり、また貸借している不動産の固定資産税は「借用物の通常の必要費」（民595条1項）に該当する。貸主は、借主から固定資産税のみの支払いを受けても全く利益を得ることができない。よって、借主の負担が固定資産税のみの場合は、そもそもこれを「賃料」と評価できるものか疑問であり、仮に「賃料」だとしても「異常に低廉な賃料」にあたると解される。

　また、親の面倒をみるという例についても、金銭面では親の扶養は子の義務であるし、親の世話をするということについて兄弟間で対価性を見出すことも社会通念に反するから、一般には使用貸借と評価すべきであろう。

　第2に「特別の事情」とはたとえばどのようなものかについても、判例上は明らかにされていない。

　私見であるが、貸主・借主の双方が、借主が貸主に支払う金員が賃貸借契約における賃料であると明確に認識しており、かつ貸主が賃借権の負担を負いながらあえて異常に低廉な賃料で満足するような合理的理由があることが

必要になると考える。

　たとえば、契約書の表題が「賃貸借契約書」になっているという場合にどう評価すべきかが問題となり得るが、貸主と借主が豊富な法律知識を有しているというような特殊な場合はともかく、一般的には、これだけで特別の事情ありとすることはできないであろう。世間では「使用貸借」という概念自体があまり認知されておらず、ましてや使用貸借と賃貸借の間に決定的な違いがあること（借地借家法の適用の有無）など、全く知らないのが通常だからである。

Ⅲ　賃借権型

　賃貸借契約に基づいて占有が開始され、契約の終了原因が争われるケースである。賃借権型の事例は、建物明渡事件の中でもかなりの割合を占めているものと思われる。賃借権型の事例のうち、普通借家権の存在する事例については第2編で重点的に解説しているため（第2編第1章〜第4章）、第1編ではそれ以外の貸借における問題点について述べる。

1　一時使用目的、定期借家の場合の留意点

　一時使用目的の賃貸借や定期借家契約の場合、契約期間の満了とともに建物を明け渡すべきことは明らかであるから、明渡しをめぐり紛争に発展する割合は普通借家と比べ格段に低いと考えられる。

　一時使用目的や定期借家の場合であっても、契約違反を理由として賃貸借契約を解除する場合には、理論的には普通借家の場合と同様の問題が生じる。しかし、長期の賃料不払い等で解除が認められることが明白な場合や、残りの契約期間が相当に長い場合はともかく、そうでない場合は、建物明渡訴訟を提起したとしても訴訟係属中に契約期間が満了し、結果的に訴訟手続が無駄になる可能性があることを念頭におく必要がある。

2　借地借家法適用の有無に関する争い（社宅、テナント、シェアオフィス）

　判例上、借地借家法の適用の有無が争われたものとして、①社員寮・社宅のように他の契約に付随して建物の使用が認められている場合と、②ショッピングモール・デパート内の店舗のように建物としての独立性が完全でない場合がある。

　①社宅については、社宅の使用料が定められている場合でも、それが異常に低廉であると前記のとおり使用貸借であると認定されやすい。この場合、雇用契約の終了が解除条件となっているか、あるいは労務提供の便宜を図ることが使用貸借の目的となっており、雇用関係が終了すれば目的達成により契約は終了すると考えられる。

　他方、使用料が異常に低廉とまではいえない場合は、当該契約は賃貸借契約と評価される。この場合、会社側としては、契約期間満了をもって更新拒絶し、正当事由として雇用関係の終了を主張することになろう。

　②店舗については、過去の裁判例をみると、当該店舗の物理的・機能的独立性を詳細に検討したうえで、借地借家法の適用を認めている例が多い。私見としては、出入口にドアがなく、独立して施錠できないような店舗に借地借家法を適用すべきでないと考えるが、裁判所は比較的緩やかに借地借家法の適用を認めている印象がある。すなわち、借主保護に重点をおき、時機にあわせて店舗を入れ替えて新陳代謝を図らなければならないという貸主側の事情はあまり斟酌されていないように感じる。

　なお、最近建設されたショッピングモールでは、借地借家法の適用があることを前提として、定期借家契約であることを明記した出店契約書を用いている例が多いようである。借地借家法適用の有無が明確ではない以上、貸主としてはこれが安全策ということになるだろう。

　そのほか、新しい就業の形として近時脚光を浴びているものとして、バーチャルオフィス、コワーキングスペース、レンタルオフィス等がある。

　バーチャルオフィスは、住所の表示が認められ、郵便物や電話の転送サービスが付帯していることも多いが、物理的にスペースを使用できるものではなく、借地借家法の適用がないことに異論を挟む余地はないであろう。コワーキングスペースについても、一般的には複数のユーザーがオープンスペースを自由に利用できるというものであり、排他的・独占的にスペースを利用できるものではないから、借地借家法の適用は想定しがたい。

　一方、レンタルオフィスは、一般的な貸事務所よりは狭小であることが多いものの、内壁によって構造的に独立し、施錠が可能な扉が設置された専有スペースが提供されるのが通常であり、借地借家法の適用が考えられる。近時の裁判例でも、専有面積約3.5m^{2}のレンタルオフィスの利用契約が「建物の賃貸借」に該当し、借地借家法26条1項、28条の適用があるとした裁判例がある。なお、この事案では契約書上で賃借権が発生しない旨が明記されていたが、強行法規に違反するものであるから結論を左右しないと判断されている（東京地判平成26・11・11判例集未登載）。

　また、古くから出店しているテナントとしては、「単に契約を更新したつもりが、知らず知らずのうちに定期借家契約に切り替わっていた」ということのないように注意すべきであろう。なお、借地借家法の施行日である平成12年3月1日以前に初回の賃貸借契約を締結している場合には、当事者の合意があったとしても定期借家契約へ切り替えることはできないことにも注意を要する。

Ⅳ
所有権型

　ここで念頭においているのは、区分所有建物、すなわち分譲マンションでの違反行為があったケースである。法的な分類としては建物明渡事件ではないが、法の力によって強制的に居住者の退去を実現するという目的においては、建物明渡事件と共通している。

1　管理費の滞納

　この類型に属する事件としておそらく最も件数が多いものは、管理費を滞納している区分所有者を相手とするものである。これについては第2編第7章では、管理費を支払わない所有者に対する対応事例を掲載しているので、これらについてはそちらを参照されたい。

2　区分所有者の共同の利益に反する行為

　このほか、区分所有者の共同の利益に反する行為を繰り返す区分所有者に対して、マンションの管理組合側が競売を申し立てる制度もある（区分所有59条）。

　マンションは共同生活の場であり、迷惑行為が過ぎれば他の区分所有者は甚大な被害を受けることになる。どれだけ誠意を尽くして協議を試みても迷惑行為をやめない、協議の場にすら出てこないという区分所有者もおり、「住民の生活の平穏を守るためには、もはや迷惑行為を繰り返す者に出ていってもらうしかない」という状況もあるだろう。

　他方で、管理費等の滞納がなければ、管理組合は当該区分所有者に対して金銭債権を有しない。当該建物に対する担保権はおろか、一般金銭債権すら有しない者に対し、他人の建物の所有権を取り上げて競売にかけることを認めるというのは、他に類をみないドラスティックな制度であるといえよう。

　裁判所も、このような点を慮ってか、かつては建物の区分所有等に関する法律（以下、本書において「区分所有法」という）59条による競売申立てを認めることにかなり慎重であったとみられる。たとえば、判例検索システム（LEX／DB）に掲載されている裁判例のうち、平成15年以前に同条による競売申立てを認めた事例は、暴力団組事務所や組長の自宅として使用され、現に住民の生活の平穏が害された事案ばかりである（札幌地判昭和61・2・18判時1180号3頁、名古屋地判昭和62・7・27判時1251号122頁、京都地判平成4・10・22判時1455号130頁）。ところが、平成16年以降になると、近隣住民への迷惑

行為（東京地判平成17・5・13判タ1218号311頁）、管理費の長期滞納（東京地判
平成18・6・27判時1961号65頁、東京地判平成19・11・14判タ1288号286頁、東京
地判平成22・11・17判時2107号127頁）、管理組合総会で決議された事項への不
協力（横浜地判平成22・11・29判タ1379号132頁）等、暴力団とは無関係の事案
でも区分所有法59条による競売申立てを認めた判決が散見される。高裁判決、
最高裁判決でこの点に踏み込んだものは見当たらないが、裁判所が少しずつ
このような問題の深刻さに理解を示し始めたといえるのではないだろうか。

第2章
建物明渡事件の特徴

　建物明渡事件には、特に他の民事事件との比較において以下のような特徴がある。なお、本章については他章以上に筆者の私見にわたる部分が大きいことをご容赦いただきたい。

I
紛争の先鋭化

　一般に建物明渡事件は、貸主・借主双方にとって非常に重大な問題であることが多い。

　借主とすれば、建物明渡請求が認められれば、住宅の場合は生活の本拠を、事業所であれば営業の本拠を追われることになる。特に当該建物に家族で居住している場合や、店舗を運営している場合には、退去に伴う有形無形の損害が大きく、おいそれと貸主の求めに応じられないということになる。

　他方、貸主とすれば、契約を継続していれば賃料を得ることができるにもかかわらず（使用貸借・賃料不払いの事案を除く）、あえて当該建物を返してもらうべき必要に迫られているからこそ、意を決して明渡しを求めるのである。

　また、老朽化したアパートの中で当該賃借人さえ退去すれば建物を解体して新築できるとか、周辺一帯の土地を賃貸人が所有しており、賃借人使用の建物さえ解体できれば周辺を一体として有効活用できるなど、賃借建物の価値をはるかに超える利害の絡むケースも多い。借主がそのような事情を察知

すれば、おのずと要求も大きくなってくる。

　そのため、一般に対立は先鋭化しやすく、特に期間満了・正当事由に基づく明渡しの場合は交渉による解決は困難であり、訴訟に発展する割合が高いように感じる。

　訴訟においては、判決に至る割合は比較的低く、立退料の提供と引換えに建物を明け渡す旨の和解が成立する場合が多いように感じるが、訴訟の初期段階で和解が成立することは少なく、貸主、借主双方の尋問や不動産鑑定を経てようやく和解に至ることが多いように感じる。

Ⅱ
解決見通しの困難さ

　建物明渡しをめぐる紛争事例の中で最も多いのが、借地借家法の適用される普通借家契約の事例であるが、このような事例で解決の見通しを立てることは極めて困難であり、また定型的な処理にはなじまない。その理由は、「正当事由」、「信頼関係」といった抽象的概念、不確定要素によって結論が左右されることが多いうえ、その判断の枠組みが確立されていないからである。

1　正当事由

　周知のとおり、普通借家契約においては、貸主から法定の期間に更新拒絶の通知をしない限り契約は更新されたものとみなされ、また更新拒絶の通知には「正当事由」が求められる（借地借家28条）。

　しかし、この「正当事由」の判定方法が極めて曖昧である。借地借家法28条は「建物の賃貸人及び賃借人……が建物の使用を必要とする事情のほか、建物の賃貸借に関する従前の経過、建物の利用状況及び建物の現況並びに建物の賃貸人が建物の明渡しの条件として又は建物の明渡しと引換えに建物の賃借人に対して財産上の給付をする旨の申出をした場合におけるその申出を

考慮して」正当事由の有無を判断すると規定しているが、この基準自体が明確とはいいがたく、一切合財の事情をすべて考慮するというに等しい。

　一般には、このような抽象的な規定であっても、過去の裁判例を分析することで一定の結論を推認することができることが多い。しかし、正当事由に関していえば、過去の裁判例から結論を推し量ることは極めて困難である。むしろ、裁判例を分析すればするほど、正当事由の判定に統一的な手法がなく、各裁判官が苦心して正当事由の判断を行ってきたことがわかる。

2　立退料

　正当事由とも関係するが、立退料の位置づけやその算定根拠も極めて曖昧である。

　立退料とは、前記の借地借家法28条の条文でいうところの「建物の賃貸人が建物の明渡しの条件として又は建物の明渡しと引換えに建物の賃借人に対して」行う「財産上の給付」である。

　立退料の位置づけ、特に正当事由との関係は、旧借地法・旧借家法の時代から盛んに議論されてきた。現行の借地借家法では、上記のとおり立退料について一応の位置づけが示されたが、必ずしも正当事由との関係が明確になったとはいえない。

　この点、筆者が貸主を代理した事案で、借主側から「立退料は正当事由を補強する要素にすぎないから、貸主の自己使用の必要性が借主のそれを上回るか、少なくとも同等である場合に限り検討すべきものである。正当事由が乏しい場合に、多額の立退料さえ提供すれば明渡しが認められるものではない」というような主張がなされたことが何度かあった。しかし、立退料が「正当事由を補強する要素である」からといって、なぜ「貸主の自己使用の必要性が借主のそれを上回るか、少なくとも同等である場合に限り検討すべき」という結論に至るのか不明である。正当事由が皆無であれば補強のしようがない、ゼロに何を乗じてもゼロであるという主張なら理解できなくもな

いが、正当事由がゼロという事案は現実には考えがたい。しかし、このような主張がしばしばなされるのは、立退料の位置づけが不明瞭であるがゆえであることは間違いないものと思われる。

　また、立退料の具体的な算定方法については第2編第1章で詳論するが、当該建物の借家権価格を参考にすることが多い。しかし、ここでもまた正当事由との関係が問題になる。

　貸主としては、たとえば「本件では少なくとも正当事由が8割は具備されているから、借家権価格の2割を立退料として提供すれば十分な補強となる」などと主張することがある。事実、裁判例でもこのような算定方法がとられた事例も多数ある。

　他方、筆者が得た判決で、「貸主・借主双方の本件建物使用の必要性は雌雄を決しがたいから、借家権価格と同額の立退料の提供をもって、正当事由を具備するものと判断する」という趣旨のものがあった。判決文からは、双方の建物使用の必要性を「雌雄を決しがたい」と判断した理由づけも乏しく、さらに仮にそうだとしてなぜ借家権価格の全額が立退料となるのかの理論づけもされておらず、双方にとって納得感の乏しい説示ではないかと思う（事実、当該事案では双方が控訴し、控訴審で和解が成立した）。

　以上、更新拒絶の正当事由をめぐる事例では、判定方法の曖昧な正当事由と、算定方法の曖昧な立退料の双方を並べ、両者の関係も曖昧なままに明渡しの可否が判断されているのが実情であり、訴訟における判決見通しが著しく困難であると感じる。

3　信頼関係

　借主の契約違反を理由に借家契約を解除する場合、借主より「信頼関係不破壊の抗弁」が主張されるケースが多い。

　典型的なのは、賃料不払いを理由とし借家契約を解除し、建物明渡訴訟を提起したところ、訴状送達後第1回期日までの間に借主から滞納賃料全額を

支払われ、借主の抗弁として「すでに滞納は解消しており、信頼関係は破壊
されていない」と主張されるケースである。

　借主からこのような主張があると、貸主である依頼者は「私があんな無責
任な人を信頼するようなお人好しだと思われては困ります」と言うが、これ
は無理もないことだろう。「信頼関係」とは本来主観的なものであるはずだ
し、信頼している借主を相手に訴訟提起する貸主はいないだろう。

　しかし、この場合の「信頼関係」は第三者の目線で判断される。判例をみ
ると、その第三者はなかなかに寛大なようであるが、相当の気分屋でもある
ようだ。

　賃料不払いによる解除の裁判例をみると、①滞納期間、②滞納理由、③当
事者間の折衝状況（滞納について借主から貸主への説明・お詫びの有無、貸主か
らの督促状況等）を総合的に考慮して、信頼関係が破壊されていないといえ
るかどうかが判断されているようである。滞納期間が最も重要なファクター
であると思われるが、2カ月程度の滞納で解除が認められることもあれば、
半年以上滞納があっても信頼関係の不破壊を理由に解除が認められなかった
事例もあり、何が決定打になっているのかは必ずしも明らかでない。

　また、契約書上で「借主が2カ月以上賃料支払を怠ったときは、契約は当
然に解除される」（失権約款）、あるいは「借主が2カ月以上賃料支払を怠っ
たときは、貸主は催告なく契約を解除できる」（無催告解除特約）というよう
な条項があっても、やはり同様に信頼関係の不破壊が問題になるというのが
判例の立場であるから、このような特約をもってしてもなお権利関係を明確
にすることはできない。

　賃料不払い以外の契約違反の場合、信頼関係破壊の有無はさらにケースバ
イケースの判断となっている。無断転貸、無断増改築、目的外使用の事例が
中心的とは思われるが、違反の内容自体が千差万別であるため、信頼関係破
壊の有無を決するための明確な線引きが困難である。

Ⅲ
広範な知識の必要性

　建物明渡事件を適正な解決に導くためには、民法、借地借家法、民事保全法、民事執行法等の基本法令に関する理解は欠かせないが、必要な知識はこれに尽きるものではない。以下、代表的なものをあげる。

1　税務に関する基本的な理解

　不動産の賃貸には税務問題はつきものである。不動産を所有していれば毎年固定資産税が課税される。さらに、個人がこれを賃貸して賃料を得ていれば、所得税、住民税、事業税、住宅以外の場合には消費税も発生する。そのほかにも、不動産を取得すれば不動産取得税、譲渡すれば譲渡所得税、所有権移転登記をすれば登録免許税等、関連する税は多岐にわたる。

　高齢の依頼者の場合、建物明渡しに際して特に注意しなければならないのは相続税の問題である。

　ごく単純化していえば、相続税の上で有利なのは、①貸地、②貸家プラス貸家建付地、③自用の建物プラスその敷地、④現金の順である。すなわち、貸家の明渡しを得ることは相続税対策の観点からは有利なことではなく、ましてやその後に土地建物を売却して現金化してしまい、その段階で相続が発生した場合、相続税の負担が大きく増加することに注意する必要がある。

　特に、平成27年1月施行の相続税法改正によって基礎控除が縮小され、またこれに先立って平成23年10月から小規模宅地特例の適用が厳格化されるなどした結果、従来は相続税課税の対象外であった層も相続税対策を考えなければならない状態となっている。

　よって、高齢の貸主から相談を受ける弁護士としては「相続税は一部富裕層のみが心配すべきものである」という固定観念を捨て、自身で税制を理解するか、相続税に詳しい税理士に相談するなどして、相続税の問題も踏まえ

た適切な方針を依頼者と協議することが望ましい。

　もっとも、相続税について検討するには依頼者の保有資産の全体像を把握する必要があるところ、建物明渡事件を依頼したにすぎない依頼者としては、一見するとこれと関連しない資産の状況について弁護士から根掘り葉掘り尋ねられることを快く思わない場合もあるだろう。そのような場合には、相続税についても考慮する必要があることを伝え、依頼者自身が税理士へ相談することを促すといった対応が考えられるだろう。

2　不動産鑑定評価書の読み方

　特に期間満了、更新拒絶を理由とする建物明渡事件を遂行する場合、不動産鑑定評価書に関する基本的な理解は必須である。

　不動産鑑定評価書の読み方を解説した書籍は数多く、平易で読みやすいものもいくつかあるので、これらの1つを手元に置いておくのもよいと思われる。

　更新拒絶による契約終了を主張する場合、無条件に正当事由が認められる事例は稀であり、立退料が問題となるケースが多い。その場合、立退料算定の基礎として借家権価格が参考にされ、不動産鑑定士の意見が求められるのが一般的である。経済的規模の大きい事案になると、貸主・借主の双方が私的鑑定書を証拠として提出し、裁判所もまた別途鑑定を依頼した結果、同じ鑑定事項について結論の異なる3通の鑑定評価書が資料となるケースがある。

　不動産鑑定評価書は、一見すると法律家にとってはとっつきがたいものである。しかし、だからといってその内容を全く検討しない、理解しようともしないというのは、代理人として論外というほかない。ところが、実際にはそういった代理人も珍しくないように感じる。以下、一例をあげる。

　　当方（貸主側）から借家権価格に関する不動産鑑定評価書を証拠とし、これに基づき適正立退料について主張する準備書面を提出したところ、

裁判官から借主代理人に対し「鑑定評価書についての反論は次回までに行うように」との訴訟指揮がなされた。次回期日までの期間は通常より長く、2カ月ほど空けられた。

　次回期日の1週間前、借主代理人から、数十頁にわたる準備書面が提出された。ところがその内容をみると、すべてが正当事由の有無に関する従前の主張の繰り返しであり、不動産鑑定評価書に関する主張は皆無であった。かといって、借主から別途不動産鑑定評価書が提出されることも、裁判所に対し鑑定の申立てがなされることもなかった。結局、その期日で弁論は終結した。

　判決文では、貸主側提出の不動産鑑定評価書に記載された借家権価格が、全く具体的検討を加えられることなく、立退料算定の基礎として用いられていた。

　借主代理人の建前としては、前記のように「正当事由が全く認められないのだから、立退料はそもそも問題となり得ない」という立場なのかもしれない。しかし、裁判官から鑑定書に対する反論を促されてもこれをしなければ、鑑定書を全くみていない、理解しようともしていないとの批判を免れないのではないだろうか。証拠の評価に弁論主義は適用されないが、裁判官もまた不動産鑑定の専門家ではないため、他方当事者から何も反論がなければこのような判決になることもやむを得ないだろう。

　なお、不動産鑑定評価書における鑑定評価額をめぐる問題については第2編第1章で紹介しているので、こちらを参考にされたい。

3　決算書の読み方

　借主が店舗として利用している建物の明渡しを求める事例の場合、借主の自己使用の必要性に関し、当該店舗の収益状況が問題となる。過去の裁判例でも、移転に伴う休業期間分の損失や、移転後の減益を考慮した営業補償を

加味して立退料を算定した事例が多くみられる。

　一般に、借主側の収益状況を示す資料のうち最も信用性が高いものは決算書である。よって、この種の事案を適正に解決するためには、決算書についての理解が欠かせない。とはいっても、複雑な原価計算を理解したり、自身で決算書を作成できるような能力を備えたりする必要はない。あくまで、すでに作成された決算書を理解するための要所をおさえることが肝要と思われる。

　たとえば、借主側から「直前の決算期における月間売上げは500万円である、移転のためには3カ月の休業が必要である、よって1500万円の売上減少分を立退料に加算すべきである」というような主張がなされることもある。しかし、いうまでもなく、売上げの減少分がそのまま逸失利益になるわけではない。粗利率はどれほどなのか、販売管理費はどれくらいかかっているか、経費のうち休業によって支出を免れるもの、休業中も支出を免れ得ないものはどれだけかなど、反論にあたり検討すべき点は多い。

　また、「直前の決算期における税引前利益が6000万円なので、移転のための休業期間3カ月の逸失利益は1500万円である」というような主張がなされることもある。一見すると利益ベースで計算しているために問題ないようにみえるが、損益計算書をみてみると、株式の譲渡で得た利益（特別利益）によって利益が出ているにすぎず、営業利益はマイナスであるという場合もある。当然ながら、店舗の移転・休業によって左右されるのは営業利益であり、営業とは無関係の損益を加味した数字に着目して営業補償を考えるべきではない。

　不動産鑑定評価書の項でも述べたのと同様、「決算書は証拠にすぎないから、反論せずとも裁判官が適正に判断してくれるだろう」というような油断は禁物である。各裁判官の資質やキャリアによるところは大きいが、確実にいえることは、すべての裁判官が会計・税務等の分野に精通しているわけではないということである。むしろ、日々顧問先企業から資金繰りを相談され、

自身も個人事業主としての資金繰りや税金に追われている弁護士に比べ、裁判官が会計・税務の知識習得に迫られる機会は少ないと思われる。

　よって、店舗等の事業所の明渡しに関する事件を解決するにあたっては、書籍等により決算書の読み方についての基礎知識を得るとともに、営業補償が高額になると予想される事案では、税理士・公認会計士等の協力を仰ぐことも視野に入れるべきであろう。

4　公法上の問題

　正当事由との関係で、公法上の問題、特に建築分野に特有の法令が関連してくるケースも多い。すべてを網羅的に理解することは大儀であるが、骨子だけでも理解しておくと、必要に応じて関係する法令を調査して主張に活かすことが可能になる。

　たとえば、都市計画法に定める用途地域の問題がある。貸主側が明渡しを求める正当事由の内容として、「当該建物を解体すれば、周辺土地と合わせて有効に資産を活用できる。当該土地は近隣商業地域であり、建ぺい率80％、容積率300％であるのに、現状では本件建物が建っているのみで、極めて非効率的な状態となっている」というような主張がなされることがままある。

　さらに進んで、家主側が有効活用の方法として具体的な建築計画を主張する場合も多いが、公法上の規制を精査すると、当該土地でそのような規模・用途の建物の建築確認を得ることは不可能であるというケースも皆無ではないと思われる。

　いうまでもなく、正当事由の内容として新建物の建築計画が主張され、判決においてこれが重視され明渡しが認められた場合でも、貸主に当該建物を建てる義務が生じるものではない。借主側としては、貸主の提示した建築計画が現実的なものであるかどうか、十分に精査する必要があるだろう。

　その他、当該建物の敷地が土砂災害防止法（土砂災害警戒区域等における土砂災害防止対策の推進に関する法律）に定める特別警戒区域に指定されるなど、

公法上の規制の変化によって建物の維持が困難になったことが正当事由として主張されることもある。これをどの程度評価できるものか、まず制度の概要を理解し、当該建物に対しては具体的にいかなる制限が課せられているのかを十分に検討する必要がある。

<h1 style="text-align:center">IV</h1>

<h2 style="text-align:center">小括〜代理人の立場からみた建物明渡事件〜</h2>

以上に述べてきた建物明渡事件の特徴を総合すると、①紛争が先鋭化・長期化しやすく、②解決内容の見通しが困難で定型的処理にはなじまず、③適正な解決のためには広範な知識が要求される、ということになる。

これに加え、少々生々しい話になるが、建物明渡事件を受任する代理人の立場からすると、④労力に見合った報酬を得ることが難しい、という実情があるように思う。

すなわち、借主の立場からすると、仮に建物明渡訴訟に勝訴して明渡しを免れたとしても、従前の状態を維持できるのみで、新たに得られるものは何もなく、報酬を支払う動機づけに欠けるという面があるようである。筆者自身は借主を代理した経験が少ないが、他の弁護士からは「借主である依頼者を代理して勝訴した後、約束どおりの成功報酬を得ることに苦労することは少なくない」と聞く。建物明渡事件に限ったことではないが、委任時に契約書を作成しておくことは必須であろう。

他方、貸主側では、明渡しを勝ち取ることができた場合には相応の経済的恩恵が生じることが通常であり、その折には約束したとおりの成功報酬を得ることは難しくないだろう。しかし、特に普通借家契約の場合、明確かつ重大な契約違反がない限り、明渡しを認める判決を得ることは往々にして困難である。その背景には、極端とも感じられる裁判所の借主保護の姿勢がある（コラム「預り物は半分の主？」参照）。

司法制度改革による法曹人口の増大、法曹資格を得るまでの費用負担の増

大のせいか、近時は、弁護士にとって①短期間で終結し、②解決内容の見通しが容易で定型的な処理になじみやすく（経験のない弁護士や事務職員に大部分をアウトソースでき）、③特別な知識が不要で、④労力に見合った（あるいはそれ以上の）報酬を得やすい事件に人気が集中しているように思う。このような事件を「おいしい事件」と考える向きからすれば、建物明渡事件は「おいしくない事件」ということになるだろう。

　弁護士がそのような発想をもつことには賛否両論あるだろうが、確実にいえることは、弁護士が上記のような建物明渡事件の特徴を顧みず安易な見通しの下で安請合いをしてしまったり、依頼者が弁護士との信頼関係が不十分なままで依頼をしてしまったりすると、依頼者にとっても代理人にとっても決して良い結果を招かないということである。

　利害得失が重大な事件、解決が難しい事件ほど依頼者と代理人の信頼関係が重要になるが、建物明渡事件はその典型例であるように思われる。

第**3**章 建物明渡事件の予防

I 契約書の重要性

1 契約書が存在しない場合の問題点

契約内容についての疑義を防ぎ、紛争を予防するためには、適法かつ明確な内容の契約書を作成することが極めて重要である。

土地・建物の貸借については、他の契約類型と比較して契約書が存在しないケースが多いように感じる。不動産の価値が高い都心部でも、戦後の混乱期になし崩し的に土地や建物の貸借が始まり、その後も契約書が作成されず、権利関係が不明確なまま賃料だけが支払われているというケースが思いのほか多い。

高度利用が進む都心の片隅で、そこだけ時計の針が止まったかのように、倒壊寸前の木造家屋が並んでいる光景をご覧になったことがあるだろう。不動産デベロッパーは当然こういった場所に目をつけ、登記記録から所有者を調べてコンタクトをとるのであるが、権利関係の不明確な借地人・借家人が多数存在すると当事者を確定するだけでも一苦労であり、その後も前提となる契約内容に争いがあるため、迅速な解決が困難であるという事情があるものと推測される。

2　借主にとっては契約書がないほうが得か

　それでは、借主としては契約書を作成しないほうが有利なのだろうか。そのような態度をとる借主や弁護士もいるが、疑問なしとしない。

　契約内容が不明確だと、借地上の建物につき再築を求めることも、借家の修繕を求めることも、事実上困難になる。貸主が借主の要望に応じなければ法的手続によるしかないが、そうなれば当然その前提として契約内容について一定の判断が示されることになる。そのことを嫌い、倒壊寸前の木造家屋で居住を続ける借主が思いのほか多いという印象がある。

　このようなにらみ合い、根比べの状態を続けることは、貸主および社会にとって大きな損失であるだけでなく、借主にとっても負担が大きい。貸主としては、有効利用の状態とは程遠いものの一応は賃料収入を得られるため、根比べという意味では条件的に余裕があることが多い。他方、実際に老朽化した建物の中で著しい不便を被り、大地震に怯えながら暮らさなければならないのは借主である。根比べをしているうちに地震や火事が起きてしまったら、生命の危険を生じかねない。

　正当な権利として借家権を主張しながら、契約書作成には応じない、内容のいかんを問わず権利関係を明確化すること自体を拒否するというのは背理である。まずは契約書によって権利関係を明確化することが、当事者双方の権利実現の出発点になると考えるべきであろう。

3　法定更新の問題点

　契約開始当初には契約書は作成されているものの、法定更新のまま長期間が経過しているという例も多い。その事情としては、単に失念していた、仲介業者が倒産したというようなものから、更新料や賃料改定で合意できなかった、当事者の一方あるいは双方に相続が発生し権利の帰属が定まらなかった等、権利関係に問題のあるケースもある。

　法定更新のまま数十年も経過すると、貸主も借主も現在の契約相手が誰な

のかさえわからないという事態にもなりかねない。

　この点、借家の場合は、現実に建物を占有している者を特定して明渡しを求めればよいため、比較的対応は容易である。

　より深刻な問題が生じうるのは借地の場合である。普通借地契約の場合に一度更新を怠ると、契約期間20年の場合でも、法定更新後の契約期間が満了する際には、40年前に作成された契約書しか存在しないという事態になる。その場合、建物の登記名義人は何十年も前に他界しており、2次相続・3次相続が発生し、法定相続人が多数に及ぶというケースもある。実際にその建物を使用している者は明渡しに同意しており、他の推定相続人らは何の関心もない、借地の存在すら知らないという場合でも、建物収去を実現するためには法定相続人全員の住所を調査し、全員から実印を押した書類と印鑑証明書を回収する必要がある。筆者が体験した事例では、これができないがために、数十人の法定相続人を相手に建物収去土地明渡訴訟を提起したというケースもあった。

　また、更新料については、法定更新の場合の扱いが不明確な契約書が多く見受けられる。更新料特約の有効性、法定更新時の扱いについては1つの論点となっているところであるが、実務的な問題として、更新料をとらずに法定更新がされた後で更新料を徴収することは困難だろう。

　よって、貸主としては、賃貸借契約が漫然と法定更新されることがないよう、契約期間に常に留意しておく必要がある。ひとたび契約した後は仲介業者に任せきりという貸主も多いが、仲介業者の倒産、担当者の異動、単純な失念等で期間満了が見落とされる例は少なくない。多数の物件を管理しているならば、一覧化したデータを作成する等して、貸主自身でしっかりと管理をする必要がある。

Ⅱ
連帯保証人の重要性

　賃料滞納が問題になった場合、解決の鍵を握るのは連帯保証人である。

　一般的に、借主が賃料を滞納するのは相当に金回りが悪くなった後であるから、長期滞納された賃料を賃借人本人から回収することは困難であることが多い。そうなると、貸主は連帯保証人からの回収をめざすことになる。

　この点、家賃保証を業とする会社（家賃保証会社）に対して賃借人が保証料を支払い、家賃保証会社を連帯保証人とするケースも多い。しかし、平成20年頃より大手家賃保証会社の倒産が相次ぎ、「賃借人よりも先に家賃保証会社が破産した」という笑えない冗談のような事態が多発している。また、家賃保証会社が連帯保証人である場合、借主は賃料支払いについて無責任になりがちであるように感じる。

　他方、親や親しい知人が連帯保証人になっている場合、借主としては「何としても連帯保証人には迷惑をかけたくない」と考え、賃料支払いを最優先にする傾向がある。すなわち、借主にとって重要度の高い人物を保証人に据えることは、賃料滞納トラブルを予防するために大きな意味をもつため、極力こういった人物を連帯保証人とすべきであろう。

　なお、前述の法定更新の場合、連帯保証人との間でも問題を生じる。連帯保証人は、当初の契約期間が満了した後に連帯保証を求められなければ、自身の義務は終了したと考えている場合が多い。一般的な契約書のひな型では、法定更新の場合に連帯保証人の義務が継続する旨の約定が存在するため、連帯保証人が義務を免れることはないが、このような状態が続くといざ賃料滞納が生じたときには連帯保証人が転居して所在不明であったり、すでに他界していたり、連帯保証人自身の資力が契約締結時より著しく悪化していたりすることがある。契約更新時には、連帯保証人からも印鑑証明、源泉徴収票など、初回契約時に求めたのと同じ書類の提出をあらためて受けるべきであ

る。

　このほか、令和2年4月1日の改正民法の施行により、個人の保証人の場合には極度額の設定が必須となるなど、保証に関するルールが変更されていることに留意する必要がある（詳細は第4章を参照）。

Ⅲ
定期借家の有効性

　建物明渡しをめぐる紛争を予防する最も確実な方法は、普通借家契約ではなく定期借家契約とすることである。前述（第2章Ⅱ）のとおり、普通借家契約の場合、期間満了時に明渡しを実現できるか否かの見通しが極めて困難であり、契約違反を理由とする解除にも、「信頼関係不破壊」という名のいびつな壁が立ちはだかっているからである。

　この点、定期借家契約ならば、期間満了による明渡しに際しては正当事由が求められないうえ、契約違反があった場合にも、借主にとっては訴訟にまで発展させて信頼関係の不破壊を主張するだけのインセンティブがないことから、紛争予防手段としては非常にすぐれていると考えられる。

1　浸透しない定期借家契約

　それにもかかわらず、定期借家の利用が浸透しているとはいえない。

　アットホーム株式会社の調査結果（「定期借家物件」の募集家賃動向（2021年度））〈https://athome-inc.jp/wp-content/themes/news/pdf/teikishakuya-yachin-2021/teikishakuya-yachin-2021.pdf〉によれば、2020年度に同社の不動産情報ネットワークに登録された賃貸マンションのうち、定期借家物件の割合は、東京23区内で5.5％、神奈川県で3.6％、埼玉県で3.4％、千葉県で2.1％という低い割合となっている。

　なお、上記の数字は賃貸住宅のみの数字である。個人的な実感としては、都心部においては店舗やオフィスは定期借家契約の割合が相当に高まってい

るのに対し、住宅については、所有者が転勤を機に賃貸をする場合など、契約前の時点で具体的な返還の必要性がある場合に限り、定期借家契約が用いられているように感じる。

2　貸主が定期借家契約を避ける理由は

一見すると貸主にメリットしかないようにみえる定期借家契約の利用が、ここまで低調なのはなぜだろうか。

第1に、普通借家契約の物件と比べて客付けが難しいという問題がある。確かに、その他の条件が同じならば、借主としては当然普通借家を選択するのが合理的な選択である。定期借家物件は、このデメリットをカバーするために礼金をゼロに設定したり、賃料を周辺相場より多少低めに設定したりする例が多いようである。

第2に、いまだに「定期借家」という選択肢がそもそも念頭にないという場合が思いのほか多いように感じる。筆者が相談を受ける中でも、近い将来明渡しを求める可能性が高いにもかかわらず、普通借家契約で貸してしまったという例が多い。その理由を尋ねると、「定期借家制度自体を知らなかった」、「普通借家契約でも契約期間が終われば返してもらえると思っていた」、「仲介業者が普通借家契約のひな型を持ってきた。定期借家契約については教えてくれなかった」というような回答が多い。

3　見落としがちな定期借家契約のメリット

定期借家の制度自体は知っていても、そのメリットが十分に理解されていないことも多いように思われる。たとえば、「この物件は賃貸住宅であり、自分が住むことはないので、建物が使えなくなるまで返してもらえなくてもかまわない」というような発想である。しかし、これは定期借家契約の大きなメリットを看過しているように思う。

第1のメリットは、修繕義務からの解放である。

　「建物が使えなくなるまで」といっても、火事や天災が発生しない限り、建物の使用自体が不可能になることは少ない。貸主としては、明渡しを求める正当事由として建物の老朽化をあげ、居住可能な状態にするためには莫大なコストがかかるということを主張することが少なからずあるが、これのみをもって正当事由が認められることは多くない。借主からは、往々にして「建物の状態が悪いのは、貸主が適時に修繕義務を果たしてこなかったことの帰結であるから、これを理由に明渡しを認めるべきではない」というような反論もなされる。

　すなわち、普通借家契約の場合、貸主は際限なく修繕義務を負い続けることになりかねず、極端な場合には修繕費用、固定資産税等の支出が収入を上回ることさえあり得るのである。そのような事態を回避する意味でも、定期借家契約は有効である。

　第2のメリットは、賃料改定の容易性である。

　普通借家契約の場合、借地借家法32条に賃料増減額請求権が定められており、契約書にも同趣旨の規定がおかれていることが多い。近隣の賃料相場が大きく変動したときには、この規定を理由に賃料の値上げを請求することになる。

　しかし、仮に借主が賃料増額に応じなければ、賃貸人は法的措置を講じなければならない。しかもこの場合、いきなり訴訟を提起できず、調停を前置しなければならない（民調24条の2）。調停で合意に至らなければ訴訟になるが、裁判官は賃料の専門家ではないため、判決に先立ち適正賃料の算定のために鑑定を実施する例が多い。こうなると、鑑定費用、弁護士費用の負担が大きく、一般的な居住用物件の賃料を前提とすると、費用対効果が合わない結果になることが多い。しかも、多額の費用をかけて首尾よく賃料を大きく増額することができても、借主はこれに不満であれば、次の期間満了時、あるいは契約上の中途解約権を行使して退去してしまうことができてしまう。

　この点、定期借家契約であれば、契約期間満了後に賃借関係が続くのは双

方が合意した場合のみである。貸主としては借主と対等な立場での条件交渉が可能となり、借主としては貸主の希望する賃料で再契約するか、物件を明け渡して転居するかの選択を迫られることになる。

　よって、特に賃料相場が上昇する可能性を含む地域においては、適正な賃料を得るための手段として、定期借家契約を検討すべきである。

Ⅳ
早期の法律相談、バックアップ体制の必要性

　建物明渡事件では、他の事件以上に、タイムリーに対策を講じなければ大きな損失を生む場合が多い。

1　期間満了前の通知

　まず、定期借家契約において契約期間が1年以上の場合は、貸主は借主に対し、期間満了の1年前から6カ月前までの間に、契約が終了する旨の通知をしなければならない。この通知を失念すると、通知をした時から6カ月後まで賃借権を対抗されてしまう（借地借家38条6項）。

　普通借家契約の場合も同様に、期間の満了の1年前から6カ月前までの間に借主に対して更新拒絶の通知をしないと、契約は法定更新されてしまう（借地借家26条1項）。法定更新の場合、期間の定めのない契約となるから、解約申入れから6カ月が経過しないと、契約の終了を主張することができない（同法27条1項）。

2　戦略的な明渡請求

　貸主が期間満了を理由に普通借家の明渡しを求め、借主がこれを拒否する場合、必ずといってよいほど正当事由の有無が争点となる。しかし、貸主が有効活用の必要性を正当事由として主張する場合、契約期間が満了してから立証資料を用意しているようでは時間のロスが大きい。

「明渡しが実現してから具体的な建築計画を作成する」というのではなく、具体的な建築計画をもって明渡交渉に臨むべきである（第2編第1章参照）。そうすることで、あらかじめ立退料の上限額を念頭において交渉に臨むことができる。訴訟に発展した場合の機会損失も考慮して、戦略的に明渡交渉を展開すべきである。

3　契約違反に対する対処

賃料滞納の場合、滞納期間が長くなるほど借主の財産状況は悪化し、任意の退去を得ることも、債権を回収することも困難になるのが通常である。一般的な目安としては、滞納が2カ月に及んだ時点で、先の契約解除も踏まえた督促通知を発送すべきである。

また、建物の用法違反、無断転貸、無断改築等の違反行為が発覚した場合にも、速やかに内容証明郵便を送るなどの対策をとるべきである。こうした対策をとらないと、違反行為があったこと自体を争われたり、違反行為について黙認を得ていたという主張を許したりするおそれがある。

4　継続的な相談体制の構築

以上のように、貸主が契約終了通知、更新拒絶通知の失念を防ぎ、また時間的なロスの少ない建物明渡しを実現するためには、早期に専門家に相談することが欠かせない。紛争が起きるたびに仲介業者の紹介等で法律事務所の門を叩くというのでは、対応はどうしても後手に回ってしまう。

所有する賃貸物件が数件であれば失念や対応の遅れは生じづらいかもしれないが、アパートやマンションを1棟丸ごと所有するなどして多くの賃貸物件を抱えている場合には、賃貸物件の全体像を把握し、疑問点があれば気軽に、継続的に相談できる弁護士をもつことが重要と思われる。

🍀コラム　預り物は半分の主？　────────

　「預り物は半分の主」という諺があります。「人から預かった物は、半分は自分の物だ」というような意味です。

　この諺は民法とは合致しません。「預り物」すなわち「寄託物」は、時効取得でもしない限り、いつまで経っても他人の物です。賃借物は厳密には「預り物」ではなく「借り物」ですが、契約期間が満了すれば返さなければなりません。

　しかし、「半分の主」どころか、「預り物（借り物）は自分の物」になってしまうような契約形態があります。それが、借地借家法の適用される賃貸借契約です。

　「建物所有目的の普通借地契約、普通借家契約においては、契約期間が満了しても貸主に返還されないのが原則である」、という人がいます。条文の建前とは違うようにも思いますが、結論としてはあながち間違いではないかもしれません。判例上、貸主が借主に明渡しを求めるための「正当事由」があまりにも厳しく判断され、あるいは高額の立退料を認める判例が相次ぎ、いまだにその流れが踏襲されているためです。

　また、借主が契約違反を犯しても、信頼関係不破壊の法理によって契約を解除できないことが多くあります。たとえば、家賃を3カ月滞納しても、訴状が届いた後に慌てて全額を払えばおとがめなしというような事例です。

　「借りた物は返す」、「約束したことは守る」物心ついた頃から、誰もがそのように教えられてきたものと思います。これまでの裁判所の運用は、こうした単純な道徳を忘れているのではないかと感じます。道徳を規範化したものが法であり、法を適切に執行するのが裁判所の役目ではなかったでしょうか。

　私は主に貸主の代理人として、多くの土地・建物の明渡事件を担当してきました。私が弁護士登録をしたのは平成17年であり、バブルはとっくに崩壊していましたから、いわゆる「占有屋」のような者を相手にしたことは多くありません。紛争の相手方となるのは、たいていは一般の市民や企業です。

　私は、借主が法理や判例に基づき権利主張をすることが悪いとは考えません。自身の道徳に従って何も対価を要求せずに契約期間満了をもって退去する者もいれば、法と判例を盾にとり立退料を要求する者もいます。これを不

　公平・不正義だという向きもあるでしょうが、少なくとも「権利を実現する
ためには、自らその権利を主張しなければならない」という風潮は、今後ま
すます強まっていくと思われます。そして、私たち弁護士はその権利の実現
に助力することを生業としています。

　他方で、現代においてもかような借主保護をすることにどれだけの合理性
があるのだろうかという疑問は常にもっています。

　借地借家法の前身である旧借地法・旧借家法が制定されたのは、それぞれ
大正10年、14年のことです。当時は持家思想が乏しく、国民を定住させて生
活基盤を安定させ、ひいては国の財政を安定させたいという政策的見地から、
賃貸借の大原則を修正して借主保護へ舵をきったといわれています。

　しかし、それから約100年が経った今、様相は一変しています。住宅情報
誌を手にとれば、「賃貸 VS マイホーム――どちらがお得？」というような
特集が頻繁に組まれています。すなわち、現代においては、多くの人にとっ
て賃貸と売買は対等な選択肢にすぎず、各人が自身の価値観に従い、あるい
は経済合理性を吟味して、いずれかを選択しているにすぎないのではないで
しょうか。

　また、現代の風潮を示す1つのキーワードは「自己責任」です。これはす
なわち「自分で決めたことの責任は自分でとる」ということであり、民法の
私的自治の理念にも通じるものがあります。借地借家法に規定されたいくつ
もの強行規定に垣間見えるパターナリズムは、こうした自己責任の社会の中
で、日ごとに違和感を増しているようにみえます。

　「権利は主張するが、自分で決めたことに責任はもたない」、「契約書にサ
インはしたが、不利な内容からは保護されるべきである」……はたしてこれ
でよいのでしょうか。借主にのみそのような主張を許すことは、まるで借主
の無知を前提にしているようですし、インターネット環境さえあれば必要な
知識に簡単にアクセスできる情報化社会の現状にもそぐわないと感じます。

　当然、既存の契約は現行法の理解を基に締結されており、その前提は守ら
れる必要があります。これからも日々無数に締結されていく賃貸借契約が時
代に即したものとなるよう、借地借家法の改正、正当事由に関する判断のパ
ラダイムシフトを願ってやみません。

民法改正の影響

　近年、相続法、債権法、総則と民法改正が相次いでいる。これらの改正が実務に及ぼした影響は大きいが、建物明渡請求にとりわけ関係性の深い改正点は、令和2年4月1日に施行された改正債権法の「保証契約」に関するものではないだろうか。明渡請求をする場合には滞納家賃が生じている場合も多く、明渡しの強制執行費用や原状回復費用等について、賃貸人から連帯保証人に請求する展開も多くみられる。

　そこで、本稿では、保証契約に関する改正点を取り上げ解説する。

I
賃貸借契約と連帯保証債務

　賃貸借契約に伴い連帯保証契約を締結する場合、「賃借人が賃貸人に対して負うべき債務の一切」が保証人の負う保証債務の範囲となる。

　たとえば、賃料不払いによる賃貸借契約の解除後、明渡請求訴訟を提起され、明渡しを命じる裁判が確定したにもかかわらず、任意での明渡しに応じない場合、賃借人が負う債務、ひいては保証人が負う債務の範囲は、

① 　賃貸借契約継続中の未払賃料
② 　賃貸借契約解除後から明渡しを命じる裁判が確定するまでの賃料相当
　　損害金
③ 　明渡しの強制執行費用
④ 　原状回復費用（汚損等が生じている場合）

等であり、賃貸借契約の賃借人の債務を負担する保証人は自身の負担する債務の範囲を予測しづらいうえ、その範囲は膨大になりかねない。

改正法では、保証人に自身が負担し得る債務の範囲について認識する機会を与え、保証契約を締結するか否かの判断を慎重に行わせること、保証人の債務がいたずらに拡大することを防止すること等を目的として、以下のルールが新たに設けられた。

① 賃借人債務の個人保証契約における極度額の定めの新設

② 賃借人債務の保証債務における元本確定事由の新設

③ 保証人への情報提供義務の新設

II 改正後民法の新ルール

1 賃借人債務の保証契約における極度額の設定

⑴ 概　要

従前、貸金の根保証に限られていた極度額の規定が、個人根保証（一定の範囲に属する不特定の債務を主たる債務とする保証契約であって保証人が法人でないもの）にも適用された（改正法465条の2第1項）。

賃貸借契約の連帯保証人に個人がつく場合、この個人根保証にあたるため、この連帯保証契約の締結では、極度額の設定を書面または電磁的記録で（以下、「書面等」という）行うことが必須となった（改正法465条の2第3項、446条2項・3項）。

仮に極度額の設定を怠った場合、その連帯保証人契約は無効となり（改正法465条の2第2項）、滞納家賃などが生じていたとしても、保証人に請求することは不可能となる。

⑵ 保証会社からの求償に関する問題点

保証会社が連帯保証人となる場合は、極度額を設定しなくても保証契約は

有効となる。

　もっとも、このような場合は、保証会社は賃借人への求償権を担保するため、別途保証人と連帯保証契約（求償保証）を締結することが多い。

　例として、下図のとおり、賃貸人Ａと賃借人Ｂが賃貸借契約を締結し、保証会社Ｃが連帯保証人となり、ＣがＢに対する求償権の担保として個人保証人Ｄと保証契約を締結したような場合を考える（この場合、ＣのＤに対する債務は根保証としての性質を有する）。

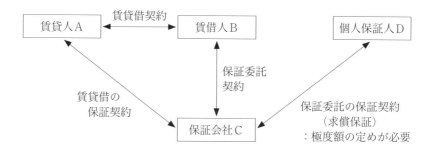

　この場合、改正法465条の５より、ＡＣ間の保証契約に極度額が定められていなければ、ＣはＤに対して求償することができないという見解と、ＣＤ間の契約に極度額の定めがあればＣからＤへの求償は可能とする見解の対立がある。

　この点、改正法465条の５第１項は個人求償保証が根保証ではない場合について定めており、根保証については定めていないとされている（筒井健夫ほか『Q&A改正債権法と保証実務』93～94頁）。また、ＣＤ間において極度額が定められていれば、ＡＣ間で極度額の定めがなくとも、Ｄが予想を超える過大な債務を負う危険は生じない。よって、私見としては後者の見解が合理的と考える。ただし、実務上はＡＣ間においても極度額の定めをしておくことが妥当であろう。

(3)　極度額の定め方

　極度額とは、主たる債務の元本、利息、損害賠償金のみならず、保証債務

の違約金、損害賠償金等、保証債務に関するすべてを含んだ、保証人が負う可能性のある最大値のことをいう。

個人根保証契約の締結時の極度額設定の規定は、保証人になろうとする者に対し、自身が負う可能性のある債務の最大負担額を示して保証契約締結の判断を慎重に行わせることを目的としたものであるため、極度額は固定された金額を定める必要がある。

この点から、極度額の記載としては、「○○円（契約時賃料○カ月分（消費税を含む））」等、具体的な金額とその算定根拠を明示する方法が望ましい。

これ以外に、単に「賃料○カ月」との記載も見受けられるが、賃貸借契約書のその他の記載によっても、金額が確定できない場合は無効とされる可能性があると指摘されている（賃貸借トラブルに係る相談対応研究会『民間賃貸住宅に関する相談対応事例集〔再改訂版〕104頁』）。

それでも、金額の明示を避けたい場合には、たとえば「契約時賃料○カ月（※消費税を含む場合にはその旨を明記し、かつ契約時の消費税であると特定する必要がある）」という記載等によって、金額の不明瞭さを可能な限り排除すべきであろう。

なお、極度額は保証契約時に固定された金額である必要があり、賃貸借契約後の賃料増額や消費税の改定に伴い極度額を増額することは許されないと思慮される。

また、滞納家賃の一部が保証人から支払われた場合、その残額が保証の上限となる。

たとえば、極度額300万円の連帯保証契約を締結していたところ、賃貸借契約期間中に生じた滞納家賃70万円を保証人が支払った場合、明渡時に原状回復費用等が250万円生じたとしても、賃貸人は230万円の範囲までしか保証人に請求することはできなくなるので、この点は注意が必要である。

⑷ 極度額の相場

改正法上、極度額の金額について具体的な定めはないが、家賃額や物件の

性質、保証目的、保証人の資力、保証が予想される損害の内容および金額等
を考慮して合理的なものでなければならない。

　この点、国土交通省住宅局が平成30年３月に公表した「極度額に関する参
考資料」では、判決で認容された連帯保証人の負担額について、中央値が家
賃12カ月分、平均値が家賃13.2カ月分、最大値では家賃33カ月分とされてい
る。

　また、同局が令和３年10月に実施した「民間賃貸住宅の賃貸借関係を巡る
トラブル等に関するアンケート調査」では「典型的な賃料帯の賃貸借契約に
おける極度額の相場（有効回答160社）」を調査しており、契約時の「月額賃
料の24カ月分」が56.3％と最も高く、平均額は全国で契約時の「月額賃料の
18.6カ月分」とされている。

　保証人の債務が、滞納家賃に限らず、損害賠償額等の賃借人が負担する債
務の一切に及ぶことから、賃貸人としては担保の実効性を確保する必要があ
る。保証目的や保証人の資力等も勘案する必要はあるが、24カ月という金額
が不合理であるとされるおそれは低いのではないかと考える。

　一方、極度額の金額が家賃額等の上記であげた考慮要素に比較して極端に
過大とされる場合、たとえば築35年木造２階建て、家賃５万円のアパートの
個人根保証の極度額を１億円と定めた場合等では、その極度額の定めは公序
良俗に反し無効とされる可能性が高い（民90条）。極度額の定めが無効にな
る場合、保証契約自体が無効とされ、賃貸人は保証人に対して、一切請求す
ることができなくなるので特に注意が必要である。

2　個人根保証債務の元本確定事由の新設

⑴　元本確定事由

　改正法465条の４より、以下の事由が発生した場合、賃貸借契約に伴う個
人根保証債務（個人根保証）の元本の範囲が確定する。

　①　保証人の財産に対して、金銭の支払いを目的とする債権につき強制執

行申立や抵当権等の担保権の実行が申し立てられた場合（ただし、強制執行または担保権の実行の手続開始があったときに限る）

② 保証人が破産手続開始決定を受けた場合

③ 賃借人や保証人が死亡した場合

この元本確定事由に関する民法の規定は強行規定であり、特約で排除することはできないと考えられている（筒井健夫ほか『Q&A改正債権法と保証実務』88頁）。

上記①〜③の事由が生じた場合、賃貸借契約が継続する限り、賃貸人としてはこれらの事情が生じたことを速やかに把握し、あらためて、新たな保証人と連帯保証契約を締結する必要がある。

しかし、賃貸借契約の実情に鑑みると、賃貸人は、保証人とは個人根保証契約締結時以降、全く連絡をとっていない場合が多いと思われ、賃貸借契約中に保証人に上記事由が生じているかを賃貸人が把握しているケースは少ないと考えられる。

上記事由が発生した場合でも、保証人やその相続人から連絡がないことはあり得る。賃貸人としては、少なくとも賃貸借契約の更新のつど、保証人にも更新通知等を送付し、その中で上記元本確定事由が生じていないかの確認をとることが望ましい。

なお、賃借人が強制執行等を受けたり、破産手続開始決定を受けた場合では、個人根保証債務の元本は確定しない。これらの事由が発生した場合でも、賃貸借契約が当然終了となるものではなく、改正法は賃借人が強制執行等を受けたとしても保証人は強制執行以後に生じる家賃等について責任を負うとした。

個人根保証債務の元本確定事由

	強制執行等の申立て	破産手続開始決定	死亡
賃借人	×	×	○
保証人	○	○	○

○：元本確定　　　　×：元本確定せず

(2) 確定元本の範囲、極度額との関係

　「元本が確定する」とは、保証人が負担すべき元本債務の範囲がその確定時までのものに決定され、確定後に生じる賃料や原状回復費用等について保証人は責任を負わないことを意味する。

　それでは、賃借人が自身が借りていたマンションの室内で自殺したことで、原状回復費用やその部屋の賃料減少の損害が賃貸人に生じた場合はどうか。賃借人の死亡により、保証債務の元本は確定するが、これらの損害は賃借人の自殺後に問題化するものであって、元本の範囲外のようにみえる。

　しかし、これらの損害は自殺という賃借人の生前の善管注意義務違反の行為によって生じたものであり、賃借人の死亡時にすでに発生していたものと評価できる。

　よって、自殺による上記損害についても元本の範囲に含まれ、極度額の範囲内であれば、賃貸人は保証人に請求することができると考えられる。

　なお、元本が確定したとしても、当然、極度額の範囲はその元本の金額が限度になるものではない。その保証債務の履行がなされるまでは遅延損害金や利息等が発生し続けるのであり、元本と遅延損害金等の合計額が極度額の金額を超えない限り、その保証の対象となるのである。

3　保証人への情報提供義務

(1) 事業物件の賃借時における個人保証人への情報提供義務

　債務者が事業のために負う債務は多額になることが多い一方で、保証契約

は債務者と保証人の人的関係を重視して締結されることが多い。法制審議会民法（債権関係）部会でも、保証人になろうとする者が、主債務者から「絶対に迷惑をかけない」「名前を貸すだけでよい」等と言われ、保証債務の履行を求められることはないだろうと考えて保証人になったところ、主債務者が債務を履行することができなくなり、保証人の当初の予想に反して保証債務の履行を求められるという事態が多発していると指摘されている（法制審議会民法（債権関係）部会「部会資料70Ａ」12頁）。

　このように、保証人にとって予期せぬ事態が生じることを回避すべく、保証人になろうとする者が保証契約の締結の判断を慎重に検討できるよう、主債務者が事業のためにする債務の保証契約では、主債務者が自身の財産状況等を保証人に説明すべき義務（改正法465条の10第1項）が新設された。

　改正法465条の10に基づき賃借人が保証人に提供すべき情報は以下の3点である。

① 　賃借人の財産や収入

② 　借りる不動産の家賃以外に賃借人に債務があれば、その額や弁済の状況

③ 　借りる不動産の家賃等のために抵当権を設定したり、ほかにも保証人を立てるなどほかに担保を設定する場合にはその内容

　仮に、賃借人が保証人になろうとする者に上記の情報を提供しなかったり、虚偽の説明をしたことにより保証人が上記の情報について誤認した場合で（以下、「虚偽説明等」という）、かつ賃貸人が虚偽説明等につき知っていたか（悪意）または知ることができたとき（有過失）には、保証人は保証契約を取り消すことができる（改正法465条の10第2項）。

　つまり賃貸人は、実際に虚偽説明等について知っていた場合だけではなく、現実には知らなかった場合でも、虚偽説明等の事実を「知ることが可能であった」として、保証人から保証契約の取消しを主張されるおそれがある。

　このような事態を防止するために、賃貸借契約およびその根保証契約の締

結の際に、保証人に対しては、改正法465条の10第1項の各事実について賃借人から情報提供を受けたこと、賃借人に対しては、保証人に提供した改正法465条の10第1項の各事実は真実であることをそれぞれ表明保証させることが望ましいと考える。

(2)　保証人全般に対する情報提供義務

保証人は、自身が賃借人に代わり債務を負担しなければならなくなる事態が生じるか否かに対し、通常は強い関心を有する。

そこで改正法では、賃借人から委託を受けた保証人から請求があった場合には、賃貸人は遅滞なく家賃の支払状況（滞納家賃の有無）やその金額、損害賠償請求の有無等、賃借人の債務に関する履行状況やその金額の情報をその保証人に提供する義務を定めた（改正法458条の2）。

なお、この情報提供を請求することができる保証人は個人保証に限らず、保証会社が保証する場合にも、改正法458条の2に基づき賃借人の上記履行状況等の情報提供を求めることができる。

(3)　期限の利益喪失に関する個人保証人への情報提供義務

改正法では、主債務者が期限の利益を有する場合に、その期限の利益を喪失したときは、債権者は、個人保証人に対し、その利益の喪失を知った日から2カ月以内にその旨を通知しなければならない。仮に2カ月以内に通知をしなかった場合、債権者は保証人に、利益喪失時から通知時までに生じた遅延損害金を請求できない（改正法458条の3）。

もっとも、賃貸借契約の賃料支払債務は、通常、期限の利益を付与されたものではないため、改正法458条の3の適用場面はあまり想定できない。考えられるとすれば、滞納家賃分を分割払いで支払う合意を賃貸人と賃借人の間で交わし、そこに期限の利益喪失条項を付した場合である。

たとえばその期限の利益喪失条項が「3度支払いを怠ったら期限の利益を喪失し、その時点の残額を一括で支払わなければならない」の内容等であれば、賃借人が3度支払いを怠った場合には、賃貸人は改正法458条の3に基

づき保証人に、期限の利益が喪失した旨（一括払い発生の旨）を通知する必要が生じる。

Ⅲ

賃貸借契約の更新と改正法適用の関係

　賃貸借および保証に関する規定については、契約締結日が基準となり、令和2年4月1日より前に契約締結するものには旧法が、令和2年4月1日以降に締結するものには改正法が適用される（附則21条1項、34条1項）。

　それでは、賃貸借契約の更新を行う場合、賃貸借契約およびそれに伴う保証契約については旧法／改正法のいずれが適用されるのか。以下、更新の態様別に述べる。

1　合意更新、自動更新の場合

⑴　賃貸借契約

　改正法の立案担当者の見解では、合意更新の場合、契約更新の合意の時点で、更新後の契約について改正法が適用されることへの期待があるといえ、施行日前契約の締結時点において当事者が有していた旧法適用への期待を保護する必要が失われていると考えられており、この見解によれば更新後の契約には改正法が適用される（『筒井健夫＝村松秀樹編著『一問一答民法（債権関係）改正』383頁）。

　また、自動更新がされる場合でも、契約期間満了までに契約を終了させないという不作為があることをもって、更新の合意があったと評価することができると考えられている（筒井健夫＝村松秀樹編著『一問一答民法（債権関係）改正』383～384頁）。

　しかし、上記のとおり、旧法／改正法の適用基準は契約締結日とされている。上記のような解釈は、更新を新規の契約としてとらえているように思われ、普通借家の更新を新規の契約ではなく、更新前の契約の延長ととらえる

従来の通説・判例の考え方とは矛盾するのではないかと考える。もっとも、この点に関する裁判例は蓄積されておらず、立案担当者がこのような見解をとっている以上、合意更新・自動更新が行われた賃貸借契約には改正法が適用されるとの前提で賃貸人としては対応を検討する必要があろう。

⑵　保証契約

一方、賃貸借契約期間の定めのある普通借家契約は、更新されることによって、それなりに長期間継続することが予定されている契約であることから、賃貸借契約に伴い締結される保証契約については賃貸借契約が合意更新された場合を含めてその賃貸借契約から生ずる賃借人の債務を保証することを目的とするものであると考えられており（最判平成9・11・13判タ969号126頁参照）、賃貸借契約の更新時に新たな保証契約が締結されるものではない。

よって、合意更新にしろ、自動更新にしろ、賃貸借契約の更新がされるのみで保証契約の更新等がない場合（更新合意書には賃貸人と賃借人の署名押印しか行わず、更新の事実を保証人に告げたのみの場合を含む）には、保証については旧法が適用される。

一方、賃貸借契約の更新の際、保証人と新たに保証契約を締結した場合や保証契約が更新された場合には、保証契約にも改正法が適用される。

法務省は、賃貸借契約書に保証の条項が含まれている場合、賃貸借の更新契約書に連帯保証人が署名押印したことにより新たな保証契約が締結されたと評価される場合には、改正民法が適用される旨の見解をとっている。よって、賃貸借の更新契約書に連帯保証人が署名押印したにもかかわらず、極度額を定めなければ、連帯保証の条項が無効となり、更新後に滞納家賃等が生じても保証人に請求することができなくなるため、注意が必要である。

2　法定更新の場合

賃貸借契約の法定更新の場合は、当事者の意思に基づかない更新であるといえ、旧法が適用される。

保証契約に関しても保証人は新たな保証契約を締結しているものではないので、旧法が適用される。

3　定期借家契約の場合

定期借家契約の場合、更新等はなく期間満了によって契約は終了することになる。そのため定期借家の再契約は新たな契約の締結であり、期間満了後、再契約する場合には改正法が適用される。

この場合、保証契約も新たに締結されることになるため、改正法が適用される。

4　まとめ

以上より、法定更新の場合を除き、普通賃貸借契約が更新される場合には、合意更新にしろ、自動更新にしろ、改正法の規定が適用される。

保証契約については、更新時に新たな保証契約を締結または合意によって保証契約が更新されたと認められる場合にのみ、保証に関する改正法の規定が適用される。

上述したとおり、賃貸借契約の保証人に個人がつく場合、改正法の適用を受けると、保証契約の再締結時または保証契約の更新時に、極度額を書面等で定めなければ、その保証契約は無効となり、賃貸人は保証人に対して、更新後の滞納家賃等を請求できなくなるという大きな不利益を受ける。

したがって、賃貸人の立場として、極度額の設定等の負担が生じる改正法の適用を厭う場合には、賃貸借契約の更新時に保証人の署名等を求めることや保証人から承諾書や確約書をとることは避け、保証人に対しては、更新の通知のみを行うのがよいと考える。

第2編 建物明渡事件の現場
──モデルケースを素材として

第1章

解約申入れ──正当事由と立退料をめぐる訴訟

I
事案の概要

──〈*Case* ①〉──

　Xは78歳の女性であり、千葉県某市の国道沿いに約250坪の土地と築50年の4階建てマンション「メゾンX」を所有している。X自身も、メゾンXの2階に居住している。

　メゾンXは老朽化が激しく、5年前から新規の賃貸募集を停止している。現在の賃借人は、10年前からマンションの1階でスナックを営むYのみである。Yとは契約開始当初から折り合いが悪く、契約書は最初に期間2年の普通借家契約を締結したのみで、その後は法定更新となっている。

　Xは、メゾンXを取り壊し、7階建てのマンションを建築し、その一室に自身と息子夫妻とで同居したいと考えている。

Ⅱ
実務上のポイント

〈*Case* ①〉における実務上のポイントは、以下の4点である。

① 解約申入れ後の明渡交渉の重要性

② 正当事由をめぐる主張立証の要点

③ 訴訟における立退料の算定方法

④ 立退料提示をめぐる訴訟戦術

Ⅲ
初回相談

ある日の午後、立原法律事務所の立原弁護士の元に、顧問先であるＴ建設の担当者ＳがＸを連れて相談に訪れた。

立原㊀：Ｓさん、お久しぶりです。今日はどうしましたか。

Ｓ　氏：こちらにいらっしゃるＸさんは、私が担当しているお客さんです。弊社で新築マンションの建築を計画いただいているのですが、建設予定地にはＸさん所有のマンション「メゾンＸ」があり、1件だけテナントが残っていて、立ち退いてくれなくて困っているんです。メゾンＸは築50年で、毎年かなり維持費がかかっているようです。

Ｘ　氏：私は今78歳です。私もメゾンＸに住んでいますが、雨漏りがひどかったり、水道から赤さびが出たりして、暮らしているだけで気分が滅入ってきます。人生の最後くらい、新しい家で気持よく暮らしたいのですが……。また、私も足腰が悪くなってきたので、息子夫婦と一緒に住みたいと思っています。息子夫婦も一緒に住もうと言ってくれていますが、メゾンＸには家族で

　　　　住めるような大きさの部屋はなく、息子夫婦の家も私が住める
　　　　だけのスペースはありません。

立原㊀：なるほど、お気持はよくわかりました。問題のテナントとの契
　　　　約書はお持ちいただいていますか。

Ｘ　氏：はい、こちらです。

立原㊀：使用目的はスナック経営ですか。契約書では、平成23年から2
　　　　年間、普通借家の契約になっていますが、その後の契約はどう
　　　　なっているのですか。

Ｘ　氏：契約書をつくったのはそれっきりです。Ｙさんが入居してすぐ、
　　　　スナックのお客さんが店内や外で大騒ぎをしたり、時には殴り
　　　　合いのけんかをしたり、お酒の瓶が店の外まで散乱しているよ
　　　　うなことが続いたのです。それをＹさんに注意したら、「それ
　　　　は俺のせいじゃない。客がやったことだから、客に文句を言え
　　　　よ」と恫喝されました。それで関係は険悪になって、契約書を
　　　　つくり直すこともできませんでした。10年経った今も似たよう
　　　　な状態です。お客さんが減ったせいで、少し静かになりました
　　　　が。

立原㊀：それは随分と大変な思いをされていますね。家賃の支払いはど
　　　　うですか。

Ｘ　氏：家賃は一度も遅れずに払ってきています。契約書に書いてある
　　　　ことにはっきり違反するようなことは何もないんです。そうい
　　　　うところにかなり注意しているんじゃないかと思います。

立原㊀：そうかもしれませんね。それで、Ｙさんに退去を依頼されたこ
　　　　とはありますか。

Ｘ　氏：私自身は正直Ｙさんの顔を見るのも怖いので、契約を始める時
　　　　に仲介してくれた不動産業者のＣさんに、間をとりもってもら
　　　　うようお願いしました。まず、最初にこの内容証明を出してく

れました。

立原㋤：拝見します。「本契約は期間の定めのない契約になっていると
　　　　ころ、貸主は本書をもって解約を申し入れます。よって本通知
　　　　を受け取られてから6カ月で契約は終了しますので、同日まで
　　　　に退去願います」と。この手紙から6カ月というと来週ですね。

S　　氏：はい。それで先生のところへ相談にきたわけです

立原㋤：Cさんがこの手紙を出した後、何か折衝がありましたか。

X　　氏：YさんからCさんに電話があり、「出て行く気はないが、参考
　　　　までに立退料はどれくらい払えるのか」と言われたとのことで
　　　　した。私は、Cさんから「立退料をいくら払えますか」と聞か
　　　　れたので、「相場はいくらくらいですか」と聞いたら、「相場と
　　　　いうのはない。お気持のとおり言ってもらえばよい」とのこと
　　　　でしたので、「これまでさんざん迷惑をかけられてきたのだか
　　　　ら、立退料なんてとんでもないと思います」とお答えしました。
　　　　CさんがYさんにこれを伝えたところ、「それならば俺は梃子
　　　　でも動かない。裁判でもなんでもしろ」という態度だったとの
　　　　ことです。その後も、私からCさんに何度か折衝をお願いしま
　　　　したが、「ここまでもめてしまったら、もう自分の手には負え
　　　　ない」とのことで、手を引かれてしまいました。

立原㋤：それでそのまま半年近く経ってしまったわけですか。少しもっ
　　　　たいなかったですね。

X　　氏：だけど先生、あんな人に立退料を払うと思うと、盗人に追銭み
　　　　たいで悔しくて……。

立原㋤：お気持はわかりますが、相手のことではなく、Xさんにとって
　　　　何が利益になるのか、一緒に今後のことを考えてみませんか。

1 検討——建物明渡交渉はどのように行うべきか

(1) *Point 1*——初動の重要性

Xは不動産業者の担当者Cに明渡交渉を委ねたが、結果的には実質的な交渉ができず、関係を悪化させただけの状態で解除通知後6カ月の期間が経過してしまった。

〈*Case* ①〉のように契約が期間の定めのないものとなった後で解約通知を行う場合、および期間の定めがある場合に更新拒絶の通知をする場合、貸主・借主の双方にとって通知後の6カ月間は明渡しを実現するためには非常に重要な期間である。

この期間を過ぎると、貸主からみれば不法占有状態、借主からみれば法定更新状態となり、合意による解決は次第に困難になる。訴訟外での解決をめざすのならば、この期間内に合意の成立までは漕ぎつけることを第1の目標とすべきだろう。

(2) *Point 2*——不動産業者による建物明渡交渉の問題点

筆者の経験上、Xと同様に不動産業者に建物明渡交渉を依頼する貸主は非常に多いようだが、〈*Case* ①〉のような結果になることも少なくないと感じる。これはなぜだろうか。その理由として考えられるのは以下の3点である。

(A) 仲介業者の利益相反的立場

賃貸借契約の締結時に仲介を行った不動産業者にとっては、借主もまた顧客であるという問題がある。賃貸借契約の際、仲介業者は貸主、借主双方を仲介することが多い。このこと自体、法律家の感覚からすれば利益相反ではないかと思われるが、かかる行為は許容されている。

しかし、賃貸借契約締結の際は借主から仲介手数料を徴収した不動産業者が、建物明渡交渉においては賃貸人を代理するというのはやはり問題であろうし、借主の反発を強くする危険もあるだろう。

また、後述する弁護士法72条との関係で、不動産業者は明渡交渉の対価として報酬を得ることができない。多くの場合、不動産業者は明渡しが実現し

た後の不動産売買において仲介手数料を得ることを目的としており、明渡交渉自体の対価は不要とするのであろうが、こうすると不動産業者としては、何としても明渡しを実現しなければ、完全な骨折り損になってしまう。その結果、かつては強引な方法で立退きを迫ったり、貸主に高額な立退料を支払うよう迫ったりする事例があったと聞く。

(B)　弁護士法72条との関係

第2に、不動産業者が明渡交渉を行うことは、弁護士法72条に違反するのではないかという問題がある。その結果、仮に明渡しの合意に至っても、後で当該合意が無効であると評価されるリスクがある。

この点については長らく議論があったが、平成22年に最高裁判所が判断を示している（最判平成22・7・20刑集64巻5号793頁。興味のある方は、コラム「不動産業者による明渡交渉は合法？」を一読いただきたい）。

不動産業者も、こうした問題があることは多かれ少なかれ把握しているため、貸主と借主の意見の対立が顕著になると手を引いてしまうことが多い。

(C)　紛争解決に関する経験則の不足

不動産業者は、近隣の賃料相場に精通している、転居先の候補をあっせんできるなどの強みをもつ一方、建物明渡訴訟を代理した経験はない。

弁護士が交渉に臨む場合、訴訟になればどのような判決が考えられるか、訴訟上の和解の可能性はどれくらいあるか、それまでにどれだけの時間と費用がかかるかということについて、一定の見立てができる。そのうえで、訴訟になった場合との利害得失を考え、交渉段階の方針を立てるのが通常である。

このような見立てがないと、〈*Case* ①〉のように単に双方の意見を聞くだけで交渉を決裂させてしまったり、双方の提示金額を足して2で割るような解決を提案したりする結果となりがちである。

以上のような観点からすれば、基本的に不動産業者を明渡交渉にあたらせるべきではないと考える。これは貸主のみならず、借主側にも妥当すること

であろう。

(3) *Point 3*——誰が建物明渡交渉を行うべきか

貸主と借主との関係性が良好である場合、または良好とはいわないまでもこれまで特段の問題がなかった場合には、貸主本人名で解約申入書を送付し、まずは貸主本人が借主と面談をするのが最善と考える。これまでトラブルがなかったにもかかわらず、突然弁護士名で解約申入れをすることは、借主の態度を硬化させる危険があるからである。

他方、〈*Case* ①〉のように貸主自身は借地借家問題に精通していないうえ、借主との関係も良好でないという場合には、解約申入書は代理人弁護士名で発送し、その後の交渉は弁護士が行うのが得策であろう。

立原㊗：訴訟になればどうしても解決までに時間がかかりますから、いきなり訴えを提起するのが得策とは思えません。ただ、すでに居直られているとすると、面談を申し入れても無視されてしまうかもしれませんね。まず私のほうで今日にでも受任通知を出して、10日くらい連絡を待ってみます。時間の無駄にならないよう、その間に訴状をつくっておきたいと思います。

Ｘ　氏：はい。お願いします。

立原㊗：それから、最初にお話をいただいていたマンションの建築計画の件についてもう少し詳しく聞かせてもらえますか。

Ｓ　氏：はい。弊社としては、敷地全体を使って、7階建て、総床面積約1000坪のマンションを建てようと思っています。Ｘさんの自宅は7階につくり、そのほかは賃貸住宅にするのがよいかと思っています。

立原㊗：立地はどうですか。

Ｓ　氏：駅からは徒歩15分くらいですが、国道○号線に面していて、○○インターからも近いですから、車の交通の便は良好です。

　　　ですからファミリー向け物件にして、駐車場は戸数分用意する
　　　予定です。

立原㋶：なるほど。だいぶプランは固まっているのですね。設計図をみ
　　　せてもらえますか。

S　氏：いや、設計図はまだつくっていませんが……。とにかく、Yさ
　　　んが退去しないことには話が進まないものですから。

立原㋶：そうですか。本来の順序はそのとおりかもしれませんね。しか
　　　し、せっかくそこまで考えられているのですから、裁判の中で
　　　は最初から目に見える形でプランを示したほうがよいと思いま
　　　す。すぐに設計図の作成にとりかかっていただけますか。また、
　　　収支についてはどのような見通しですか。

S　氏：はい。建築資金はほぼ全額が借入れですが、土地と建物を担保
　　　に入れれば確実に審査は通ります。空室率を5％とすると、家
　　　賃収入から毎月のローン返済、固定資産税等を考慮しても、X
　　　さんには年間1000万円ほど残るのではないかと思います。これ
　　　については、Xさんへの説明用に作成した資料があります。

X　氏：今の状態だと、毎月の収入はYさんからの月10万円の賃料だけ
　　　です。土地と建物の固定資産税だけでも赤字になってしまいま
　　　すし、それ以上に修繕費用がかかります。

立原㋶：なるほど。そうなると、XさんがYさんに建物を明け渡してほ
　　　しい理由としては、①Xさん自身が今の建物での生活に不便が
　　　あり、新しい建物に居住したい、②土地・建物を有効活用して
　　　収益を改善したい、という2点になりますね。

　　　　ところでSさん、Xさんの前で申し上げづらいですが、先ほ
　　　どの収支シミュレーションで、空室率5％というのは、何か裏
　　　付けがありますか。新築という優位性はありますが、駅から少
　　　し離れているというデメリットもあります。このエリアの空室

　　　　率についてデータをとって、その水準に近づけて、再度固めに

　　　　計算していただけますか。

S　氏：わかりました。確かに、駅から距離がありますから、固めにみ

　　　　れば、空室率10％くらいを見込んだほうがよいかもしれません。

　打合せ後、立原弁護士は受任通知を作成し、Yに送付した（【書式1-1】参照）。

【書式1-1】　解約申入れにより建物明渡しを求める通知書（《*Case* ①》）

通　知　書

令和3年9月25日

　千葉県○○市○○　○-○-○

　　　Y　　殿

東京都文京区弥生3丁目3番3号

TEL　03（1234）5678

FAX　03（1234）5679

立原法律事務所

X代理人弁護士　　立　原　道　夫

前略

　X氏（以下「通知人」といいます）の代理人として、以下のとおり通知致します。

　通知人は、貴殿に対し、平成23年4月1日より、下記物件の表示記載の物件（以下「本物件」といいます）を賃貸しています。なお、この賃貸借契約は、平成25年4月1日より、期限の定めのないものとなっています。

　通知人は貴殿に対し、令和3年3月30日、本契約を令和3年9月30日をもって解約するとの通知を行いました。この解約申入れには正当事由が認められます。

　つきましては、貴殿に対し、同日をもって本件建物を明渡されるよう求めます。

　なお、本件については当職がX氏より委任を受けていますので、X氏へのご連絡は控えられますよう願います。ご意見がございましたら当職宛にご連絡下さい。

物件の表示

　　所在　　千葉県○○市○○三丁目　171番地
　　家屋番号　171番の1
　　種類　　共同住宅
　　構造　　軽量鉄骨造陸屋根4階建
　　床面積　1階　200.39m²
　　　　　　2階　190.18m²
　　　　　　3階　190.18m²
　　　　　　4階　190.18m²
　　　　　　上記のうち、1階最南端（101号室）25.30m²

2　検討――正当事由とは何か

⑴　*Point 1*――正当事由の考慮要素

　借地借家法28条は、正当事由の判断要素として考慮すべき要素として、①建物の使用を必要とする事情、②建物の賃貸借に関する従前の経過、③建物の利用状況および建物の現況、④立退料の提示を列挙している。

　しかし、これらが具体的にどのような事実を想定しているのか（たとえば、敷地の高度利用は①に含むのか、③に含むのか、あるいはいずれにも含まれないのか）、これらの各要素をどのような基準で総合考慮するのかなどは明らかでない。旧借家法の規定と比較すれば、考慮すべき要素が示されたという点で前進しているが、結局は大部分を裁判所の判断、各裁判官の裁量に委ねるような規定になってしまっている。その結果、建物明渡請求の結末は貸主・借主の双方にとって予測可能性の低いものとなっており、貸主や社会全体の経済に反し、借主も不安定な立場におかれるという弊害を生じているように

感じる。

(2) *Point 2*——正当事由認定の実際

　上記のような正当事由の判断枠組み自体の不明確さもあり、正当事由の認定をめぐる実務は混迷を極めている印象がある。

　あえて判例の一般的傾向を説くとすれば、前述の正当事由の考慮要素のうち最も重要視されるのは「建物の使用を必要とする事情」であり、とりわけ自身が居住する必要性については高く評価されている。他方、〈*Case* ①〉のように貸主の有効活用の必要性と借主の営業上の利益が対立する事案については、往々にして、正当事由に関する争いが立退料の金額をめぐる争いに矮小化される傾向があるように思う。

　なお、これまでの正当事由をめぐる裁判例を総括した文献として、本田純一『借家法と正当事由の判例総合解説』がある。同書では、昭和37年から平成20年に至るまでの正当事由をめぐる多数の裁判例が紹介、分析されている。

　また、伊藤秀城『借地借家契約における正当事由・立退料』では、借地借家の正当事由や立退料に関する平成28年までの裁判例195件が紹介されている。

　訴訟実務において、当事者の一方が、正当事由に関する事情が当該事件と類似している（と主張する）事案を多数列挙し、「本件のような事案では正当事由が認められる（認められない）のが一般的である」との書面を提出することが少なからずある。こうなると、他方からも、類似の条件の中で反対の結論を下した判決を大量に羅列した準備書面が提出されるという、いわば「判例合戦」の状況に陥る。いうまでもなく日本は実体法の国であるが、裁判官自身にも他に拠って立つべき指針がないことからすると、裁判官の心証が過去の判例に左右される可能性は否定できないのではなかろうか。

Ⅳ 訴訟提起

1 訴状の作成

1週間後、Yの代理人弁護士から、Xの解約申入れには正当事由がない、よって明渡しには応じられないとの回答書が届いた（【書式1-2】）。

【書式1-2】 解約申入れによる建物明渡しを拒否する回答書（〈*Case* ①〉）

回　答　書

令和3年10月2日

X殿代理人弁護士　立 原 道 夫　先生

前略

　Yの代理人として、貴職からの令和3年9月25日付通知書に回答いたします。

　Y殿は本物件においてスナック「○×」を経営し、その収益により一家の生計を立てており、今後もその経営を継続する所存です。

　他方、X殿の解約申入れには正当事由が認められません。

　よって、本物件の明渡しには応じかねることをご回答申し上げます。

草々

東京都千代田区神田鍛冶町○丁目○番○号

TEL　03（○○○○）○○○○

FAX　03（○○○○）○○○○

白樺法律事務所

Y代理人　弁護士　志 賀 直 人

　その間、立原弁護士は訴状案を作成し、Sは設計図を作成し、収支のシミュレーションについても修正を終えた。立原弁護士はこれらを証拠として訴状を完成し、Xの確認をとり、訴訟を提起した（【書式1-3】）。

【書式1-3】 訴状——解約申入れによる建物明渡請求（〈*Case* ①〉）

訴　　状

令和3年10月10日

千葉地方裁判所民事部　御中

〒　○○○−○○○○　千葉県○○市○○　○-○-○　メゾンX203号
原　告　　　　X

〒　113-0032　東京都文京区弥生3丁目3番3号
立原法律事務所（送達場所）
TEL　03（1234）5678
FAX　03（1234）5679
原告訴訟代理人弁護士　　立　原　道　夫

〒　○○○-○○○○　千葉県○○市○○　○-○-○
被　告　　　　Y

建物明渡請求事件
訴訟物の価額　　　金　　　　○円
貼用印紙額　　　　金　　　　○円

請求の趣旨

1　被告は原告に対し、別紙物件目録記載1の建物のうち、同記載2の部分を明け渡せ
2　被告は原告に対し、令和3年10月1日から同明渡済みまで、1か月10万円の割合による金員を支払え。
3　訴訟費用は、被告の負担とする。
との判決を求める。

請求の原因

1　本件賃貸借契約の締結および本件建物の引き渡し
　原告は、被告に対し、平成23年4月1日、別紙物件目録記載1の建物（以下

「本件建物」という）のうち、同記載2の部分（以下「本物件」という）を、以下の約定で賃貸し（以下「本件賃貸借契約」という）、同日、これを被告に引き渡した（甲1）。

契約期間　　　平成23年4月1日より平成25年3月31日まで
使用目的　　　飲食店（スナック）経営
賃　　料　　　1か月あたり金10万円とし、毎月25日限り、翌月分を原告の指定
　　　　　　　する口座に振り込み送金する方法により支払う

2　契約の更新

　本件賃貸借契約は、その後合意更新されることなく、法定更新により、平成25年4月1日以降、期限の定めのないものとなった。

3　本件賃貸借契約の終了

　原告は被告に対し、令和3年3月30日、本件賃貸借契約を令和3年9月30日限りで解約する旨を通知し、同通知は同年3月31日に被告に到達した（甲2）。同通知には後述のとおり正当事由が認められ、本件賃貸借契約は令和3年9月30日の経過をもって終了した。

4　被告による本物件の占有

　これに対し、被告は令和3年10月2日付回答書をもって、原告に対し、解約に応じない旨を明らかにした（甲3）。
　被告は、現在も本物件においてスナック「○×」を経営し、本件建物を占有している。

5　解約申し入れの正当事由

　上記解約申し入れには、以下のとおり正当事由がある。
（1）　建物の老朽化
　　本件建物は、昭和46年7月19日に建てられた軽量鉄骨造陸屋根4階建の建物であるが（甲3）、建築後すでに約50年を経過しており、その老朽化は著しい。
　　具体的には、……

(2) 原告の居住

　原告は、本件建物の203号室に居住しているが、上記のとおり本件建物が老朽化しているため、日常生活に多大な影響をきたしている。

　すなわち　……

　また、原告は78歳と高齢であり、自力歩行が困難となってきたことなどから、長男である訴外○およびその妻との同居を希望し、訴外○およびその妻も同様の希望を持っている。しかし、本件建物には家族で住めるような部屋はなく、訴外○の自宅にも原告が居住できるだけの余裕はない。

(3) 本件建物敷地の有効利用の必要性

　ア　立地

　原告は、本件土地の敷地である千葉県○○市○○三丁目171番地1土地（以下「本件土地」という）を所有しているところ（甲4）、本件土地は面積約250坪、都市計画上の近隣商業地域に位置しており、その容積率は400％、建ぺい率は80％とされており、大規模な建物の建築が可能である。

　また、本件土地は、最寄駅であるJR○○線○○駅からは徒歩15分ほどを要するものの、国道○号線に面し、○○自動車道○○インターから2キロメートルほどと、交通の便に優れている。

　イ　現在の利用状況

　上記のような本件土地の状況にもかかわらず、現在、本件土地上には、前記のとおり老朽化した本件建物が存在するのみである。容積率の点で見ると、基準容積率400％に対し、現在の使用容積率は200％にも満たない。

　さらに、本件建物の利用状況は、本物件を被告に賃貸しているほか、2階の一区画に原告が居住しているのみであり、他は全て空室という、極めて非効率な状況となっている。

　ウ　新建物の建築計画

　原告は、本件土地上に鉄筋コンクリート造7階建共同住宅（以下「新建物」という）を建築する計画を有し、T建設との間で協議を進めている。本物件の明け渡しを得た折には、速やかにこの計画を実現したいと考えている。

　この計画によれば、新建物の概要は下記のとおりである（甲5）。

記

敷地面積	○m^2
建築面積	○m^2
延床面積	○m^2
賃貸住戸数	○戸
駐車場	○台分

　本件土地は前記のとおり交通の利便性もよく、居住環境は優れており、共同住宅の建築は本件土地の最有効利用方法であると考えられる。なお、本件建物のうち一区画は、原告とその長男である訴外○夫妻が居住する予定である。

エ　この計画が実現した場合の収支見込みは以下のとおりである（甲6）。

　まず、本件建物から得られる収入は……

　これに対し、支出としては……

　以上より、仮に新建物の建築費用を全額借入で賄ったとして、常時10％の空室率が続くと仮定しても、建築後10年間の平均年間収益は○円に及ぶ。

オ　現在の収支状況

　これに対し、現在本件土地及び本件建物から原告が得ている収入は、被告の支払い賃料（月額10万円）のみである。原告は、平成28年までは他の居室について賃貸募集をしていたが、本件建物の老朽化が激しく、また単身者向け物件としては駅からやや遠いため、平成23年以降はほとんど借り手がつかなくなった。このため、原告は、本件建物の建て替えに備え、平成28年5月より新規の賃貸募集を停止したものであり、本件建物が今後収益を生むことは期待しがたい。

　なお、昨年一年の本件建物および本件土地の公租公課および維持費用は以下のとおりであり……、支出が収入の約○倍であり、年間で約○円の赤字となっている。

(4)　被告の本件建物利用状況

　被告は、本物件でスナック「○×」を経営しているが、上階に居住する原告が見る限り、客の出入りはまばらである。

　また、被告は本件賃貸借契約締結の際、原告に対し、「詳しいことは言え

ないが、おれはもっと大きなビジネスをしている。娘は○○女子学園に通っているんだよ。あそこの学費がどれだけ高いか知っているだろ。スナックなんかで飯を食おうというんじゃない。まあ嫁さんの暇つぶしだな」などと述べていた。

（求釈明）

　原告は、被告に対し、直近3年間のスナック○×の収益状況につき、決算書その他の資料に基づき明らかにするよう求める。

6　賃料相当損害金

本物件の賃料相当損害金は、本契約上の賃料である1か月金10万円を下らない。

7　結論

　よって、原告は、被告に対し、本件賃貸借契約の終了に基づき、本物件の明け渡しと、本件賃貸借契約の終了の日の翌日から明渡済みに至るまで1か月当り金10万円の割合による賃料相当損害金の支払を求めて、本訴に及ぶ。

以　　上

証拠方法

別添証拠説明書記載のとおり

添付書類

1	甲号証写し	各1通
2	訴状副本	1通
3	家屋評価証明書	1通
4	建物図面	1通
5	訴訟委任状	1通

物件目録

所在　　　千葉県○○市○○三丁目　171番地

家屋番号　171番の1

種類	共同住宅
構造	軽量鉄骨造陸屋根4階建
床面積	1階　200.39m^2
	2階　190.18m^2
	3階　190.18m^2
	4階　190.18m^2

上記のうち、1階最南端（101号室）2.30m^2（別添図面（略）のうち斜線で囲んだ部分）

2　検討──訴状には何を記載すべきか

(1)　*Point 1*──要件事実

訴状には要件事実を漏らさず記載する必要がある。

〈*Case* ①〉のように、貸主が対象建物の所有者でもある場合は、所有権に基づく返還請求権としての建物明渡請求権（物権的構成）、賃貸借契約終了に基づく目的物返還請求権としての建物明渡請求権（債権的構成）の2つの構成が考えられ、いずれの構成をとるかによって要件事実は異なる。

【書式1-3】では債権的構成を採用しているが、物権的構成をとるとしても、関連事実として、賃貸借契約が存在し、これが期間の定めのないものとなっていること、貸主から解約を申し入れたこと、解約申入れに正当事由が認められることについては、訴状で主張しておくべきであろう。なぜなら、単に原告の所有権と被告の占有だけを記載したような訴状を提出すれば、答弁書あるいは準備書面において被告は抗弁として賃借権を主張し、原告が反論の準備書面で解約申入れや正当事由について主張するという展開になることは目に見えており、要件事実だけを記載した訴状を提出することは、時間を空費することになるからである。

(2)　*Point 2*──正当事由の具体的内容

訴状の段階で、正当事由についてどこまで具体的に主張すべきか。

貸主側は初期段階から争点を明確化して早期解決をめざすべきという観点

からすれば、訴状の段階である程度具体的に正当事由を主張することになる。

しかし、特に正当事由の内容として所有不動産の有効活用を主張する場合には、計画が実現した場合の具体的な収支についてどこまで説明するか、十分に検討すべきと思われる。

すなわち、【書式1-3】のように、「明渡しが実現して新建物が建築されれば、収益は劇的に改善する」という点につき具体的に主張すれば、不動産の有効利用の必要性という面では説得的ではある反面、借主や裁判官に対し、「明け渡してもらえればこれだけ利益が出るのだから、高額な立退料を提供してもよいはずである」という印象を与えかねないからである。

本来の立退料の算定方法からすれば、明渡し後に貸主にもたらされる経済的利益が多額であるという事実は、正当事由の1つとして立退料を減額する要素にこそなれ、増額する理由にはならないはずである。

しかし、借主側からみれば、「明渡しが1カ月遅れることは原告にとって〇円の損失になる、したがって解決を遅延させれば、早期解決のために高額の立退料を支払う和解にも応じるのではないか。損益分岐点としての立退料は相当に高額ではないか」という発想にもなり得るのである。

また、裁判官の中にも、「明渡しができればこれだけ儲かる話なら、被告の言い値で立退料を払っても惜しくないでしょう」というような論理で和解を勧奨する者がいる。訴訟の初期段階において、早期の和解によって双方の利益を図ることを模索することはある程度理解できるが、残念ながら、正当事由について激しい攻防がなされ、証拠調べまで終了した後でも、正当事由について十分に検討しないままこのような和解をすすめる裁判官が皆無ではない。訴状では最低限の主張にとどめ、裁判官のキャラクターをみてから、有効活用の数字的根拠を主張するタイミングを検討するというのも1つの方法であろう。

(3) *Point 3*——立退料提供の申出時期

貸主側に立退料提供の意思がある場合、訴状の段階でこれを主張すべきだ

ろうか。

　まず、実体法上の観点から立退料の提供についてはいつまでに申し出れば
よいのか、訴訟法上の観点から立退料提供による正当事由補完の主張が時機
に後れた攻撃防御方法として却下されるおそれがないか、という問題がある。

　これについては、旧借地法の適用される借地の事案であるが、最高裁判例
が存在する（最判平成6・10・25民集48巻7号1303頁）。結論としては、実体法
上も、訴訟法上も、原則として口頭弁論終結時までに申し出ればよいという
ことである。立退料の位置づけや実務上の問題が端的に検討されているため、
少々長文になるが、一部を引用する（下線は筆者）。

　土地所有者が借地法6条2項所定の異議を述べた場合これに同法4条
1項にいう正当の事由が有るか否かは、右異議が遅滞なく述べられたこ
とは当然の前提として、その異議が申し出られた時を基準として判断す
べきであるが、右正当の事由を補完する<u>立退料等金員の提供ないしその
増額の申出は、土地所有者が意図的にその申出の時期を遅らせるなど信
義に反するような事情がない限り、事実審の口頭弁論終結時までにされ
たものについては、原則としてこれを考慮することができる</u>ものと解す
るのが相当である。

　けだし、右金員の提供等の申出は、異議申出時において他に正当の事
由の内容を構成する事実が存在することを前提に、土地の明け渡しに伴
う当事者双方の利害を調整し、右事由を補完するものとして考慮される
のであって、その申出がどの時点でされたかによって、右の点の判断が
大きく左右されることはなく、土地の明け渡しに当たり一定の金員が現
実に支払われることによって、双方の利害が調整されることに意味があ
るからである。

　このように解しないと、実務上の観点からも、種々の不合理が生ずる。
すなわち、<u>金員の提供等の申出により正当の事由が補完されるかどうか、</u>

その金額としてどの程度の額が相当であるかは、訴訟における審理を通じて客観的に明らかになるのが通常であり、当事者としても異議申出時においてこれを的確に判断するのは困難であることが少なくない。また、金員の提供の申出をするまでもなく正当事由が具備されているものと考えている土地所有者に対し、異議申出時までに一定の金員の提供等の申出を要求するのは、難きを強いることになるだけでなく、異議の申出より遅れてされた金員の提供等の申出を考慮しないこととすれば、借地契約の更新が容認される結果、土地所有者は、なお補完を要するとはいえ、他に正当の事由の内容を構成する事実がありながら、更新時から少なくとも20年間土地の明け渡しを得られないこととなる。

　上記の理由は建物明渡しの場合にもほぼそのまま妥当するものであり、建物明渡事件においても、事実審の口頭弁論終結時までに立退料提供の申出をすれば、判決にあたって考慮されると考えてよいだろう。

　貸主側の訴訟戦略としても、上記判例の示すとおり、「金員の提供等の申出により正当の事由が補完されるかどうか、その金額としてどの程度の額が相当であるかは、訴訟における審理を通じて客観的に明らかになるのが通常であり、当事者としても異議申出時においてこれを的確に判断するのは困難であることが少なくない」という問題があるから、訴状において立退料の提供について主張するのは慎重であるべきと考える。

　ただし、具体的な金額は示さず、また請求の趣旨としては立退料との引換給付は求めず、請求原因の中で「万一正当事由が不足する場合にはある程度の立退料を支払う意思がある」というような主張を行うべき場合もあるだろう。訴訟指揮をする裁判官の立場からすれば、立退料（借家権価格）が争点となりうる事案なのか、また立退料の調整によって和解が可能な事案であるのかが明確であったほうが審理計画を立てやすく、早期の解決につながりやすいという側面があるからである。

Ⅴ
第1回期日（口頭弁論、擬制陳述）

　第１回口頭弁論期日は、令和３年11月20日と指定された。期日の１週間前に、被告から答弁書が提出された。被告代理人は、先に回答書を送付した志賀弁護士であった。ところが、答弁書の内容は、単に請求棄却を求め、請求原因の認否および被告の主張はなく、追って準備書面を提出するというものであった。

　第１回期日当日、志賀弁護士は欠席し、答弁書は擬制陳述された。

　裁判官より立原弁護士に対し「原告は解決にあたって、ある程度の立退料を支払うお考えはあるか」との質問があった。立原弁護士は、傍聴席に傍聴人がいないことを確認して、「訴状に書いたような事情であり、早期解決したい考えはある。そのために、金額次第ではあるが立退料を払うことも検討したい」と回答した。

　次回までに被告から具体的な主張を記載した準備書面を提出することとして、第２回口頭弁論期日は12月20日と指定された。

Ⅵ
第2回期日（口頭弁論）

　第２回口頭弁論期日の当日朝、被告代理人志賀弁護士より FAX で準備書面が届いた（【書式1-4】）。そのため、裁判官も立原弁護士も、その内容を十分に検討できぬまま期日に臨むこととなった。

　裁判官から志賀弁護士に対し、「Ｙの決算書について、直近３期分を提出するように。提出時期は次回期日の２週間前とする」との指揮があった。志賀弁護士はなおその提出を渋ったが、最終的にはこれを提出することに応じた。

　また、立原弁護士に対しては、次回期日の１週間前までに、被告の準備書

面に対する反論の準備書面を提出するようにとの指揮があった。

　第3回口頭弁論期日は、令和4年1月30日と指定された。

【書式1-4】 解約申入れによる建物明渡事件の被告（借主）準備書面（〈*Case* ①〉）

令和3年(ワ)第22222号　建物明渡請求事件

原告　　　　X

被告　　　　Y

準備書面1

令和3年12月20日

　千葉地方裁判所民事第1部　御中

被告訴訟代理人弁護士　志　賀　直　人

第1　請求の原因に対する認否・反論

1　本件賃貸借契約の締結および本件建物の引き渡し　に対し

　認める。

2　契約の更新　に対し

　認める。

3　本件賃貸借契約の終了　に対し

　原告からの通知が3月31日に被告に到達したことは認め、解約申し入れに正当事由が認められるとの主張は争う。

4　被告による本物件の占有　に対し

　認める。

5　解約申し入れの正当事由　に対し

　(1)　建物の老朽化

　　本件建物が昭和46年7月19日に建てられた軽量鉄骨造陸屋根4階建の建物であることは認め、老朽化が著しいとの主張は否認ないし争う。

　　本件建物は比較的良好な状態を保っている。現に被告は本物件で飲食店を営んでいるが、使用に何ら支障はない。

　(2)　原告の居住

　　原告が本件建物の203号室に居住していることは認め、その余は不知。

⑶　本件建物敷地の有効利用の必要性

　ア　立地

　　認める。

　イ　現在の利用状況

　　本件土地上には本件建物が存在するのみであること、本件建物のうち使用されているのは原告の住居と本物件のみであることは認める。

　　しかし、本件土地の利用方法としては、分筆して他の建物を建築することも可能ではないかと考えられる。本件建物についても、原告が募集を停止した結果入居者がいなくなったにすぎない。すなわち、仮に本件土地の利用状況が非効率的であるとしても、それは原告の責に帰すべきもので、正当事由として考慮されるものではない。

　ウ　新建物の建築計画

　　否認する。78歳という原告の年齢からして、原告がかような賃貸事業を開始する計画を有しているとは考え難い。

　エ　計画が実現した場合の収支見込み

　　否認する。当該見込みはデベロッパーの作成した営業用資料に従った皮算用にすぎず、実現性に乏しいものである。

　オ　現在の収支状況

　　不知。また仮に現在の収支が原告主張のとおりであるとして、前述のとおり、かような状況を生じたのは原告の責に帰すべき事情によるものである。

⑷　被告の本件建物利用状況

　被告が本物件でスナック「○×」を経営していることは認め、客の出入りはまばらであるという主張は否認する。

　スナック「○×」は開業から10年を迎え、固定客もつき、順調な経営を続けている。原告の主張は事実無根であり、無礼極まりないものである。

　本件賃貸借契約締結の際の被告の発言については一部否認する。被告は原告に対し、信用を理由に入居を拒否されることがないよう、スナック以外の収入があり、生活水準が高いことを説明したにすぎない。

　（求釈明に対し）

　原告は被告の決算書の提出を求めるが、決算書を見てもスナック「○×」の経営実態がわかるものではなく、正当事由の判断に影響しない。また決算

書の内容は重要な営業秘密を含むものであるため、提出は拒否する。

6　賃料相当損害金

本物件の適正賃料が1か月金10万円であるという限りにおいて認める。

7　結論

争う。

第2　被告の主張（被告による本物件使用の必要性）

　被告は、スナック「○×」の開業前には、中古車の販売を生業としていたが、スナック「○×」の開業後は、生活費の大半を同店の売上により賄っている。

　被告は妻および高校生の次女と生計を共にしており、妻はスナック「○×」で接客を行っている。いわば、被告は妻と二人三脚でスナック「○×」を経営し、一家三人の生活を維持している。被告を本物件から退去させるということは、被告一家の生活の糧を奪い、路頭に迷わせることを意味する。

　また、スナックの顧客の大半は近隣住民であるから、店舗を移転すればまたゼロから顧客を開拓しなければならない上、多額の初期費用がかかる。

　したがって、被告が本物件を使用する必要性は極めて高く、これに対して原告が明け渡しを求める理由がこれに勝るものとは到底言えないから、原告の請求は棄却されるべきである。

以　上

VII

第3回、第4回期日（口頭弁論：被告の経営状況に関する攻防）

　期日の10日前、被告から証拠が提出された。その内容はＹの3期分の青色申告決算書控えの写しであったが、提出されたのは決算書1頁目のみであった。

　立原弁護士は、準備書面において、決算書全体の提出を求めるとともに、「真にスナック○×に多くの売上げがあるならば、被告は決算書の全体や帳簿を提出することで容易に立証が可能であって、被告がこれをしないのならば、スナック○×の売上げは極めて乏しいと推認される」と指摘した。

　また、今回提出された部分のみからみても、①公表されているデータによればスナックの原価率は一般に20〜30％程度であるのに被告の事業の原価率は70％であること、②地代家賃として計上されている金額は原告への支払賃料の約3倍に上ることなどから、被告の収入の大部分はスナック○×以外の事業によるものと考えられると指摘した。

　また、建物の老朽化状況を立証すべく、Xの案内によって本件建物を調査し、多数の写真を証拠として提出した。

　第4回口頭弁論期日では、被告からの反論書面が提出された。

　その主張の骨子は、①原価率が高いのも多額の地代家賃が計上されているのもすべて税金対策であって、実際の収支とは大きな乖離がある、②売上げも実際には記載されている金額の2倍はある、スナックにおいて売上げを正確に申告しないことは一般に行われていることである、というものであった。

　また、スナック○×が盛況であることの証拠として、スナック○×で多くの客が飲食している写真（撮影日は期日の1週間前とされている）が提出され、転居すれば固定客を失うという主張がなされた。

　裁判官からは、「次回は弁論準備期日として、進行についてうかがいたいと思うがどうか」との提案があり、両代理人がこれに同意した。

Ⅷ
第5回、第6回期日（弁論準備：和解に関する意向聴取）

　前回の期日後、立原弁護士は近隣の賃貸物件の情報を調査し、対象物件の半径2キロメートル以内にスナックとして利用可能と思われる物件が多数あること、その多くは賃料等の条件において対象物件と同様であること、したがって被告の店舗を移動することは容易であることを主張立証した。

　初回の弁論準備期日では、以下のようなやりとりがあった。

裁判官：それでは、原告から話をうかがいますので被告は退席してくだ

　　　　さい。（被告代理人退席後）まだ正当事由について議論が尽くさ
　　　　れたわけではないと思いますが、一般的にいえば、被告が建物
　　　　を使用している状況で、立退料なしで明渡しを命じることは多
　　　　くありません。原告は、立退料を支払われる考えはありますか。

立原㊁：はい。立退料は正当事由が不足する場合にこれを補完するもの
　　　　ですから、正当事由についての議論がある程度尽くされれば、
　　　　立退料の提示について主張したいと考えています。

裁判官：そうですか。ただ、早期解決することは原告にもメリットがあ
　　　　りますよね。現段階で、和解のために提供できる立退料の額を
　　　　検討することはできませんか。

立原㊁：そうですね……正直難しいと思います。仕事をされているなら
　　　　営業補償が問題になりますが、今出ている資料からは被告のス
　　　　ナックで営業利益があがっているとは思えず、営業補償を算出
　　　　しようがありません。借家権価格については最終的には不動産
　　　　鑑定士の意見を聞く必要がありますが、わずか8坪ほどの店で
　　　　すから、計算しても大きな金額にはならないように思います。
　　　　現段階で和解が難しいようなら、こちらから不動産鑑定を依頼
　　　　して書証で提出します。

裁判官：わかりました。被告の意向を聞いてみますので、交代してくだ
　　　　さい。（交代）

志賀㊁：被告としては、この場所で営業を続けたいと強く希望していま
　　　　す。少し本人から話をさせてください。

Ｙ　氏：私はこの場所で10年以上営業を続けてきて、なじみのお客さん
　　　　もいます。この場所に思い入れもありますし、家族の生活もあ
　　　　りますし……（中略）。ですから、この場所を離れたくはあり
　　　　ません。

裁判官：そうですか。今日は双方のご意向をおうかがいして、今後の進

　　　行を決めたいと思っています。つまり、このまま判決に向かっ

　　　て進むのか、和解の話をしてみるのかです。和解するならば、

　　　おそらく原告が立退料を支払って被告が退去するという形でし

　　　か、折り合いはつかないと思います。しかし今のお話だと、金

　　　額次第ということではなくて、被告はそのような和解はできな

　　　いということでしょうか。それならば和解の話はいったん打ち

　　　切りたいと思いますが、よいですか。

Ｙ　氏：それは……（志賀弁護士を見る）。

志賀㊥：次回までによく打合せをしてお返事申し上げたいと思います。

　　2回目の弁論準備期日でも、前回に続き双方が交互に裁判官と協議する方式をとった。志賀弁護士から裁判官に対し、「Ｙとよく検討した結果、不安定な状況で営業を続けるのも好ましくはない、十分な補償が得られるなら立退きを考える」との意向が示されたが、具体的な希望額は示されなかった。裁判官から志賀弁護士に対し、次回期日までに具体的な希望額を提示するよう指揮がなされた。

　　立原弁護士は裁判官に対し、すでに不動産鑑定士に借家権価格の鑑定評価を依頼済みであること、次回期日までに不動産鑑定評価書と合わせて、立退料について主張した準備書面を提出すると述べた。

Ⅸ

第7回、第8回期日（弁論準備：立退料をめぐる双方の主張）

1　〈Case ①〉における原告・被告の立退料

　　期日間に、被告から「立退料について」と題する文書がFAXで送信された。その内容は被告が希望する立退料の金額を記載したものであり、おおむね以下のとおりであった。

・営業補償　2000万円

　　決算書記載の被告の売上げは年間1500万円であるが、現実の売上げは年間約3000万円（客単価1万円、1日あたりの客数10人、年間の営業日数300日の3つを乗じたもの）である。

　　移転するとなれば、半年間は休業しなければならず、その後も現在の売上げにまで回復するにはかなりの時間を要する。よって、休業中の経費の減少を考慮しても、営業補償は2000万円が妥当である。

・移転費用　200万円

　　新規の店舗を借りるための権利金、仲介手数料、営業開始前の賃料、引越代等

・内装・造作費用　300万円

　　本物件を貸借した際にも300万円ほどの内装・造作費用がかかっており、移転先でも同等の支出が予想される。

合計　2500万円

　他方、立原弁護士は、不動産鑑定士の作成した不動産鑑定評価書を証拠として提出し、おおむね以下のとおり主張した。

・不動産鑑定評価書によれば、本物件の借家権価格は240万円である（割合方式に基づく）。

・本件では明渡しを求める正当事由が少なくとも8割は具備されており、上記借家権価格に正当事由の不足割合0.2を乗じると48万円となる。

・原告は被告に対し、上記48万円と移転実費60万円の合計108万円を立退料として支払う。

・営業補償については営業利益の立証がなく、被告はスナック○×以外の収益で生計を立てており、スナック○×の収益は赤字であることも予想されることからすれば考慮すべきでない。

2　検討——立退料はどのように算定されるか

⑴　*Point 1*——借家権価格と立退料

建物明渡事件において、「借家権価格」という言葉が用いられることがある。明確な定義は見当たらないが、一般的には「借家権の（鑑定）評価額」という程度の意味合いで用いられているようである。

立退料の算定において借家権価格をどう取り扱うかについては、判例・学説上、以下のような考え方が見受けられる。

① 借家権価格をそのまま立退料算定の基礎とする考え方（東京地判平成 20・4・23判タ1284号229頁）

② 借家権価格に正当事由の不足割合を乗じて立退料算定の基礎とする考え方（澤野順彦「立退料の算定基準としての借地権価格、借家権価格の評価」判タ1020号16頁）

③ 借家権価格は立退料の算定にあたり考慮すべきではないとする考え方 （東京高判平成12・3・23判タ1037号226頁）

上記①〜③のいずれの考え方が妥当か。私見だが、そもそも立退料とは、貸主側が明渡しを求める正当事由が一定程度具備されていることを前提に、借家権を喪失して移転を余儀なくされる借主の損失を補てんするための調整弁であるはずである。これに対し、①の考え方は、あたかも完全な借家権が存在することを前提にこれを貸主が買い取るような発想に立脚しているようであり、立退料の本質にそぐわないと感じる。

③の東京高裁判決は、居住用の借家に関してこの点を明確に述べて借家権価格を考慮することを否定しており、その判旨は非常に説得的である。しかし、その後も東京地方裁判所で①のような判決が下されていることからすると、実務的には、借家権価格を完全に無視して訴訟を進めることは得策ではないように思われる。

借家権価格なるものを考慮するとすれば、借家権の経済的価値と正当事由の程度の双方を考慮できる点で、②の方式がすぐれていると考える。

(2) *Point 2*──不動産鑑定評価基準

不動産鑑定評価書を初めて手にした弁護士の多くは、どこをどう読めばよいのかわからず当惑するだろう。第1編第2章Ⅲ2で紹介したように、相手方から提出された不動産鑑定評価書に一切目を通さない弁護士が少なからずいるのも、その難解さゆえではないかと思われる。

不動産鑑定評価書を理解するためには、第1に、国土交通省の定める「不動産鑑定評価基準」を一読することが有益であろう。不動産鑑定士が不動産鑑定評価書を作成する場合、同基準に準拠してこれを作成する必要がある（不動産の鑑定評価に関する法律39条1項）。不動産鑑定評価基準の全文は、国土交通省のホームページに掲載されている〈https://www.mlit.go.jp/common/001204083.pdf〉。

さらに理解を深めたい場合や、一般的な鑑定評価書の記載例を知りたい場合には、不動産鑑定の手法や鑑定評価書の読み方に関して多くの書籍が刊行されているので、それらを参照するとよいだろう。

(3) *Point 3*──「不動産鑑定評価書」と「調査報告書」

訴訟の当事者が不動産鑑定士の意見を証拠として提出する場合、「不動産鑑定評価書」でなく「調査報告書」、「意見書」等の表題を付した文書が提出されることがある。相手方当事者が問題としない場合、裁判所も特にその点を意識せずに判断の基礎としている場合が多いのではないだろうか。

しかし、前記のとおり、「不動産鑑定評価書」は、「不動産鑑定評価基準」に則ったものでなければならない。これに対し、「調査報告書」等の場合は、必ずしもこの基準を順守する必要がないため、両者の差異は表題の違いにとどまるものではない。

「不動産鑑定評価書」において検討すべき項目は多岐にわたっているため、一般的にいえばその作成には高額の費用と相当の作成期間を要する場合が多い。そこで、当事者の経済的負担を軽減したい、限られた時間で不動産鑑定士の意見を得たいという動機から、より簡易な形態である「調査報告書」を

用いる例が大半であると思われる。

　なお、筆者の経験上、表題が「調査報告書」であっても、実質的な内容としては「不動産鑑定評価書」と遜色ない文書を目にすることも多い反面、不動産鑑定評価基準を大きく逸脱し、時には依頼者の主張をそのまま記載したような「調査報告書」が提出されることもある。

　このような状況を反映してか、国土交通省は平成22年１月より、「価格等調査ガイドライン」を制定し、「調査報告書」等についても一定のルールを示した。もっとも、これはその名のとおり「ガイドライン」であり、不動産鑑定評価基準と異なり、法的拘束力はないものと解される。

⑷　*Point 4*――借家権価格の鑑定評価方法

　借家権価格の鑑定評価方法については、「不動産鑑定評価基準」に規定があるが（「不動産鑑定評価基準」50頁）、その内容はやや抽象的である。

　一般に借家権価格の鑑定評価書の中で用いられる方式は以下のとおりである。具体的な算定方法については、前掲東京地判平成20・4・23が参考になる。

①　補償方式

　　移転に伴い生じる賃借人の損失、具体的には移転先の賃料と現行賃料との差額の相当期間分と、新規契約に要する一時金、移転費用等を合算する方式

②　賃料差額還元方式

　　標準的賃料と現行賃料との差額を導き、その差額が持続する期間分に対応する金額が借家人の利益であり、これをもって借家権価格とする方式

③　割合方式

　　敷地・建物それぞれにつき、借家人の使用権を割合的に算定し、更地価格・建物価格にこれを乗じる方式

これらの各手法による試算を行い、その結果を総合考慮して鑑定評価額を

算定するのが一般的な方法である。しかし、各方式による試算額が大きく異なる場合も多く、どの方式をどの程度重視するのか（単純に平均値を求めるのか、信用性の高い方式の比重を大きくするのか等）によって、鑑定結果が全く異なる場合も多い。

　私見だが、上記方式はそれぞれに長所と短所があり、各事案において合理的な方式を採用する必要があるが、相対的には③の方式による算出結果が合理的な結論になる場合が多いと考える。

　まず、①、②の方式は、新規賃料と現行賃料との乖離の程度に着目するものであるため、現行賃料が低額なほど借家権価格が高額になってしまう。これは見方を変えれば、低廉な賃料しか得てこなかった、すなわち投下資本を十分に回収できていない貸主ほど高額の立退料を支払わなければならず、反対に十分な賃料を払ってきた借主ほど低額な立退料を受忍しなければならないという結果になり、公平感に乏しいように感じる。

　さらに、〈*Case* ①〉の場合もそうであるように、明渡しを求める建物はかなりの築年数が経過しており、賃借人を新規募集することになじまないような物件である場合が多いため、適切な新規賃料を鑑定しうるものかも疑問である。

　また、標準的賃料と現行賃料との乖離については、新規賃料と継続賃料とが同額になるわけではないものの、賃料増額請求により相当程度是正しうるものであるのに、これを既得権のように評価するという発想自体に無理があるのではないだろうか。もし①、②の方式が借家権価格の評価において重視されるなら、貸主は賃料増額請求を先行させた後で明渡請求に臨んだほうが有利ということにもなりかねないが、これは貸主・借主の双方にいたずらに二重の手続負担を課すだけのことであり、訴訟経済にも反する。

　他方、③の方式による場合、相続税における貸家建付地の評価に倣い、敷地についての使用権は、土地の積算価格×借地権割合×30％（たとえば借地権割合70％の地域であれば21％）、建物については建物の積算価格×30％とし、

これを合計するというような算出方法が用いられる。

　この方法による場合、〈*Case* ①〉のように建物が敷地全体には及んでいない（敷地の建ぺい率にかなりの余剰がある）場合や、建物のうち一部のみが賃借されている場合には、その使用割合をさらに乗じる必要があるが、これらの調整を適正に行えば、妥当な結論になることも多いのではないかと思われる。

(5)　*Point 5*──貸主（原告）の提示する立退料と判決との関係

　原告の代理人にとって、立退料としてどの程度の金額を提示するかは非常に悩ましい事項である。なぜなら、これまでに述べたとおり、正当事由の評価、立退料の算定方法、正当事由と立退料の関係のいずれについても、実務上確立された手法があるとはいえず、どれだけの立退料をもって正当事由を補完しうるかの見通しを立てることが極めて困難だからである。

　そもそも、原告からの立退料支払申出は、訴訟法上どのような位置づけになるのであろうか。処分権主義との関係で、以下の点が問題となる。

①　原告が立退料の提供を申し出ていないのに、裁判所が立退料提供と引換えに明渡しを認容することができるか

②　原告が申し出た金額よりも高額の立退料との引換えに明渡しを認容することができるか

③　原告が申し出た金額よりも低額の立退料との引換えに明渡しを認容することができるか

　この点に関するリーディングケースとして紹介される事例は、最判昭和46・11・25民集25巻8号1343頁である。この事案は上記②に該当する類型であり、原告からの3000万円の立退料申出に対し、立退料5000万円と引換えに明渡しを認容する判決がなされている。もっとも、同事件の最高裁判決には、処分権主義、弁論主義との関係に関する言及は一切なく、上記の訴訟法的問題について最高裁判所が一定の見解を示したといえるものかは疑問がある。

　学説上は、上記①については原告が立退料を一切支払わないと主張してい

る場合にこのような判決を下すのは処分権主義に反する、②については原告
の明示的な意思に反しない限り許される、③については、処分権主義に反し
許されない、とする説が有力のようである。

　以下、私見を述べる。学説の上記①についての結論に異論はないが、立退
料提供の意思の有無が確認されないまま弁論が終結した場合にはどうなるの
か、この点のルールが法律上明確でない以上、常に釈明権が適切に行使され
るとは限らないのではないかという疑問が残る。学説の上記②についての見
解は、実務上「立退料○円またはこれと各段の相違のない範囲で裁判所が定
める金員を支払う」というような申出がなされるケースが多いが、「格段の
相違がない範囲」とは具体的にどの程度なのかは曖昧であり、申出額と判決
額との乖離が大きいとまた別の問題を生じうる（下記(6)において後述する）。
学説の上記③についての見解は、原告の合理的意思は「立退料は不要と考え
るが、万一正当事由が不足する場合には、○円程度までならば立退料を支払
う」というものであり、積極的に立退料の支払いを望むものではないことは
明らかだろう。それにもかかわらず、処分権主義を理由として申出額よりも
低い立退料では明渡しを認容できないとするのは理解しがたい。また、この
ような運用がなされてしまうと、原告としては訴訟戦術上低額の立退料を申
し出ざるを得なくなるため、紛争の合理的解決を遠ざける要因になるのでは
ないかと危惧する。

(6)　*Point 6*——立退料の支払義務

　立退料支払いと引換えに明渡しを命じる判決が確定した場合、貸主は当然
に立退料を支払う義務を負うのか、あるいは明渡しを断念するならば立退料
の支払義務を負わないのかが問題となる。訴訟法上は、判決主文のうち立退
料の支払いを定める部分に執行力がないことは明らかであり、立退料の提供
は明渡しの強制執行開始の要件にすぎない（民執31条1項）が、実体法上の
支払義務の有無をめぐっては学説上の対立があり、いまだ解決をみていない。

　この点、福岡地判平成8・7・15判タ929号228頁は、前訴において貸主が

立退料4000万円と引換えに建物明渡しを請求したところ、立退料7000万円と引換えに明渡しを認容する判決がなされ、これが確定した後、貸主が立退料の支払原資がないため明渡しを求めずにいたところ、借主より、建物の明渡しと引換えに金7000万円の支払いを求める別訴が提起されたという事案である。結論としては借主の請求は棄却されているが、その理由として、判決において定められた立退料の額が貸主の申出額よりもかなり高額であったことが重視されている。

Ⅹ
第9回、第10回期日（弁論準備期日：証拠調べの移行）

第9回期日では、上記のとおり立退料に関する双方の主張の開きが大きいことから、和解協議はいったん打ち切り、尋問に進むことが確認された。

第10回期日では、Ⅹ、Ｙの陳述書と、人証申請がなされた。ここまでで、訴訟提起から1年が経過していた。

Ⅺ
第11回期日（口頭弁論：原告・被告本人尋問）

第11回期日では、Ⅹ、Ｙの順に尋問が行われた。両者ともに、陳述書や準備書面において述べられた正当事由について述べた。

尋問終了後、裁判官より両代理人に対し、これ以上の主張がないことの確認がなされ、弁論は終結した。裁判官より、判決期日は追って指定とし、和解期日を設けたい旨の話があり、両代理人がこれに同意した。

ⅩⅡ
第12回期日（和解期日）

両代理人が個別に裁判官と協議を行い、以下のようなやりとりがなされた。

裁判官：立退料について、原告の考えはどうか。

立原⑪：従前主張したとおりであるが、裁判所において異なる考えがあ
　　　　ればおうかがいしたい。

裁判官：現時点で明確な心証をもっているわけではない。判決となれば
　　　　双方が控訴しないということは考えづらく、解決は先送りにな
　　　　る。早期解決のために歩み寄れないか。

立原⑪：証拠調べも終了した段階なので、ある程度判決の見通しをお話
　　　　いただいたほうがXさんにも話をしやすいのだが。正当事由の
　　　　具備割合、こちらから提出した借家権価格の鑑定評価、借家権
　　　　価格の取扱いを含めた立退料の算定方法について、どのように
　　　　お考えか。

裁判官：……現時点では何ともいえない。被告の意見を聞いてみる。

　（交代）

裁判官：和解をするとすれば、立退料を得て退去するという方法になる
　　　　だろうが、被告のお考えはどうか。

志賀⑪：従前主張したとおりであるが、裁判所において異なる考えがあ
　　　　ればおうかがいしたい。

裁判官：現時点で明確な心証をもっているわけではない。判決となれば
　　　　双方が控訴しないということは考えづらく、解決は先送りにな
　　　　る。早期解決のために歩み寄れないか。

志賀⑪：Yさんとすれば、解決が先送りになることに特に支障はない。
　　　　自身と家族の一生にかかわる問題なので、納得のいく解決をし
　　　　たい。

　以上の次第で和解には至らず、判決が言い渡されることとなった。判決期
日は2カ月後に指定された。

XIII
1審判決

　訴訟提起から1年半、ようやく判決が言い渡された。判決主文は以下のとおり。

1　被告は、原告に対し、原告から600万円の支払いを受けるのと引換えに、別紙物件目録記載1の建物のうち、同記載2の部分を明け渡せ。
2　被告は、原告に対し、令和3年10月1日から前項の明渡済みまで、1か月10万円の割合による金員を支払え。
3　原告のその余の請求を棄却する。
4　訴訟費用はこれを5分し、その1を原告の負担とし、その余を被告の負担とする。

　判決理由を読むと、正当事由については、原告において本件建物を取り壊し、新たな建物を建築することの必要性があると認められ、他方被告の建物使用の必要性もあると認められるが、被告が明渡しによって被る損失はもっぱら経済的損失であるため、立退料の提供によって正当事由が具備されるものと解すべきである、とのことであった。

　立退料600万円の算定根拠については、①借家権価格240万円（原告提出の鑑定評価額を採用）、②移転に伴う実費、および一定期間の休業と売上減少が予想されることの対価として360万円（弁論の全趣旨より）の合計とのことであった。

XIV
控　訴

　立原弁護士としては、1審判決は、特段の検討を加えることもなく借家権価格の全額を立退料の基礎とし、さらに根拠不明な営業補償を加味した点について大いに不満であった。旧借家法の時代には、全く算定根拠を示さずに

立退料の金額だけを示す判決も多かったが、借地借家法の制定後の判決としては、本件の判決は抽象的にすぎ、立退料600万円は高額であるように感じた。

　Xは、「先が長くないので時間はかけたくないが、控訴した場合にどうなるか想像がつかないので先生に任せます。600万円ならば工面できない金額ではありませんので」とのことだった。

　立原弁護士はXと協議を尽くした結果、Yが控訴する可能性が高いこと、附帯控訴となると和解協議のうえで事実上不利になり得ることを考慮し、控訴を提起することとし、万一Yからの控訴がない場合には早期に控訴を取り下げることも考える、との方針に決定した。

　案の定、Yからも控訴が申し立てられていた。

　控訴理由書において、立原弁護士は立退料算定の不当性、特に算定根拠の不明確さ、Yの営業に対する評価のずさんさを中心に、原判決の問題点を指摘した。他方、志賀弁護士は、Xの主たる目的は単に収益をあげ私腹を肥やすことであって、このような理由を正当事由と評価することは不当であるなどと主張した。

XV
控訴審第1回期日（和解）

1　事実経過

　控訴審の第1回期日では、提出書類の確認の後、双方から新たな主張がないことの確認がなされ、弁論は終結し、判決言渡しは約2カ月後に指定された。

　裁判長より、職権で和解を勧告したい、時間があればこの後書記官室に来てほしい、との打診があり、両代理人がこれに同意した。

　和解協議では、以下のようなやりとりがあった。

裁判官：1 審判決と双方の控訴理由書を拝見した。確かに、立退料の算
　　　　定根拠について説明が十分でないように思うが、結論としては
　　　　妥当な線ではないかと思う。立退料600万円を前提に細部を詰
　　　　め、和解ができないか協議したい。まずは 1 審原告から話をう
　　　　かがう。

（志賀弁護士退席後）

立原㋹：Ⅹさんとしては早期に解決したい考えはもっている。万一執行
　　　　となれば手間も費用もかかる。Ｙが 3 カ月以内に退去すること、
　　　　残置した動産の所有権を放棄することを了解するなら、立退料
　　　　600万円の和解に応じる。

裁判官：了解した。1 審被告の意見を聞く。

（交代後）

志賀㋹：立退料600万円での明渡しについては、高裁でもそのような判
　　　　決になるならどうこう言っても仕方ない。しかし、3 カ月では
　　　　移転先がみつからない。半年は待ってほしい。また、移転の原
　　　　資をつくるため、和解後明渡しまでの間は賃料相当損害金の支
　　　　払いは免除してほしい。

　その後何度かすり合わせを行い、明渡しは和解成立から 5 カ月間猶予し、
その間の賃料相当損害金は免除し、ただしＹがＸに預託した敷金30万円の返
還はしないことで、和解に至った（【書式 1-5】）。

　明渡期日が迫った令和 5 年11月末、志賀弁護士より立原弁護士に対し、明
渡しの準備が整ったとの連絡があった。両弁護士は本物件に赴き、物件の鍵
と600万円の預金小切手を交換し、〈*Case ①*〉は終了した。

【書式 1-5】 和解調書——訴訟上の和解により立退料と引換えに建物を明け渡す場合（〈*Case* ①〉）

---

1 控訴人兼被控訴人X（以下「一審原告」という）および被控訴人兼控訴人Y（以下「一審被告」という）は、別紙物件目録（略）記載1の建物のうち同記載2の部分（以下「本物件」という）についての賃貸借契約が、令和3年9月30日、Xからの解約申入れにより終了したことを確認する。

2 一審原告は、一審被告に対し、本物件の明渡しを令和5年11月30日まで猶予する。

3 一審被告は、一審原告に対し、前項の期日限り、一審原告から第4項の支払いを受けるのと引換えに、本物件を明け渡す。

4 一審原告は、一審被告に対し、第2項の期日限り、一審被告から前項の本物件の明渡しを受けるのと引換えに、立退料として600万円を支払う。

5 一審被告は、一審原告に対し、本物件の賃料相当損害金として、令和5年7月1日から本物件の明渡し済みまで、賃料相当損害金として1か月10万円の支払義務があることを認める。

6 一審被告が第2項の期限までに本物件を明け渡したときは、一審原告は、一審被告に対し、前項の賃料相当損害金の支払いを免除する。

7 一審被告が第3項の物件明渡しを遅滞したときは、一審被告は、一審原告に対し、令和5年12月1日から明渡し済みに至るまで、1か月20万0000円の割合による賃料相当損害金を支払う。

8 一審被告は、一審原告に対し、賃貸借契約締結時に差し入れた敷金30万円のうち原状回復費用等を差し引いた残金の返還請求権を放棄する。

9 一審被告は、本物件を明け渡したときは、本物件内に残置した動産その他一切の設備について、その所有権を放棄し、一審原告が自由に処分することに異議を述べない。

10 本和解条項に定めるほか、一審原告と一審被告らの間に何らの債権債務がないことを相互に確認する。

11 訴訟費用は各自の負担とする。

物件目録は64頁を参照のこと。

2　検討──控訴審における対応

⑴　*Point 1*──控訴審の進行

建物明渡事件に限ったことではないが、控訴審では１回結審となる場合が多いため、第１回期日までに十分な主張をしておく必要がある。

また、特に１審判決が立退料と引換えに明渡しを命じる内容であった場合には、〈*Case* ①〉のように、高裁でも同じ枠組みでの和解を勧告される場合が多いと思われる。ただし、立退料の金額については、１審の裁判官と高裁の裁判官の判断の違いによって増減することはあるだろう。

よって、代理人としては、第１回期日前に依頼者と十分に打合せ、控訴審での和解についての方針を固めておく必要がある。

⑵　*Point 2*──和解条項の検討

【書式 1-5】のとおり、建物明渡しに関する和解条項は相当に複雑な内容となる場合が多い。当然のことであるが、裁判手続が和解で終了したとしても、後の明渡しが任意になされるとは限らないため、後の執行に備え疑義の生じない条項を検討する必要がある。裁判官より積極的に和解条項の提案がなされる場合も少なくないが、基本的には代理人が責任をもって和解条項案を作成すべきであろう。

なお、さまざまなバリエーションの和解条項を紹介した文献もあるので（一例として、新保義隆＝栗原由紀子『訴訟上の和解・モデル文例100』、園部厚『和解手続・条項論点整理ノート』）漏れのない和解条項を作成するためにはこれらを参考にするとよいだろう。

🍀コラム　不動産業者による明渡交渉は合法？ ──────

　貸家を明け渡してもらいたいと思い至った貸主が、仲介を依頼した不動産業者に相談をもちかけることは非常に多く、これを受けて不動産業者が明渡交渉を行う場合もあります。このような行為は、はたして合法なのでしょうか。

　弁護士法72条は、「弁護士又は弁護士法人でない者は、報酬を得る目的で訴訟事件、非訟事件及び審査請求、再調査の請求、再審査請求等行政庁に対する不服申立事件その他一般の法律事件に関して鑑定、代理、仲裁若しくは和解その他の法律事務を取り扱い、又はこれらの周旋をすることを業とすることができない」と規定しています。

　この点、筆者がある不動産業者に認識を尋ねたところ、①サービスとしてやっているだけで報酬をもらっていない、②貸主の意向を借主に伝えに行くだけである、③相手がすんなり明け渡してくれるかもしれないのだからまだ事件にはなっていない、といった回答でした。

　しかし、①については、明け渡した後の売買の仲介で手数料を得ることが予定されていることが多く、実質的にみて無報酬といえるかどうかは疑問なしとしません。

　②については、法的には「貸主の使者であり、代理ではない」という位置づけになるのでしょうが、単に貸主の意思を伝えるだけであれば、解除通知の作成に助言を与えるほうが合理的でしょうし、借主を訪問して長時間話をしている以上、使者という評価は困難ではないかと考えます。

　筆者の経験では、仲介業者が何度も貸主と借主の間を行き来し、具体的な条件提示をしてしまった挙句、交渉が難航すると「自分は使者にすぎない。法律上の紛争に発展したので、弁護士法違反の問題があるため今後は関与しない」と述べて放り出してしまったことがありました。そうでなくとも、相手が弁護士を代理人にすれば、結局こちらも弁護士をつけなければならないという展開になります。こういった場合、すでに仲介業者が提示してしまった条件が、事実上交渉の下限になってしまうことがあり、後の解決にとって大きなマイナスになってしまいます。

　③に関しては、弁護士法72条に規定されている「一般の法律事件」とは何を指すのかについて、長らく議論されてきました。

　同条に関して公表されている裁判例をみると、司法書士、行政書士等の士業やコンサルタントが行った業務について、それが「一般の法律事件」に該当するのか否かが争点になることが多いようです。たとえば、訴訟提起に協力した司法書士が弁護士法違反として起訴され、控訴事実の一部につき有罪、一部につき無罪とされたケース（高松高判昭和54・6・11判時946号129頁）、コンサルタントに報酬を支払った依頼者がコンサルタントに対して委任契約

の無効を主張して報酬の返還を求めこれが認められたケース（東京地判平成6・4・20判時1526号106頁）、弁護士以外の者が介在した示談が無効とされたケース等があります。

　こうした中、最高裁判所が「その他一般の法律事件」とは何かについて判断を示しました（最判平成22・7・20刑集64巻5号793頁）。審理の対象となったのは、本コラムのテーマである不動産業者による建物明渡交渉の事案です。この判旨によれば、不動産業者が、貸主から報酬を得て、立ち退く意向を有していない借主に立退きを求める行為は、広く弁護士法72条違反になるものと考えられます。以下、長文になりますが引用します。

　　所論は、Ａ社と各賃借人との間においては、法律上の権利義務に争いや疑義が存するなどの事情はなく、被告人らが受託した業務は弁護士法72条にいう「その他一般の法律事件」に関するものではないから、同条違反の罪は成立しないという。しかしながら、被告人らは、多数の賃借人が存在する本件ビルを解体するため全賃借人の立ち退きの実現を図るという業務を、報酬と立ち退き料等の経費を割合を明示することなく一括して受領し受託したものであるところ、このような業務は、賃貸借契約期間中で、現にそれぞれの業務を行っており、立ち退く意向を有していなかった賃借人らに対し、専ら賃貸人側の都合で、同契約の合意解除と明け渡しの実現を図るべく交渉するというものであって、立ち退き合意の成否、立ち退きの時期、立ち退き料の額をめぐって交渉において解決しなければならない法的紛議が生ずることがほぼ不可避である案件に係るものであったことは明らかであり、弁護士法72条にいう「その他一般の法律事件」に関するものであったというべきである。そして、被告人らは、報酬を得る目的で、業として、上記のような事件に関し、賃借人らとの間に生ずる法的紛議を解決するための法律事務の委託を受けて、前記のように賃借人らに不安や不快感を与えるような振る舞いもしながら、これを取り扱ったのであり、被告人らの行為につき弁護士法72条違反の罪の成立を認めた原判断は相当である。

　この判決は、平成20年に起きたスルガコーポレーション事件に関連したものとみられます。

　スルガコーポレーション（以下、「スルガ」という）は東証二部上場の不

動産デベロッパーでしたが、平成20年3月、同社の依頼を受け明渡交渉を行った業者の関係者が逮捕されました。当該業者は指定暴力団山口組系の組織と深い関係があるとされ、スルガと反社会的勢力との関係が大々的に報道されました。その結果、それまで急成長を遂げていたスルガは資金難に陥り、平成20年6月に民事再生手続を申し立て、上場廃止に追い込まれました。

　実は、この事件が明るみに出る少し前に、筆者は1人の不動産オーナーから相談を受けていました。詳細は記載できませんが、「利用価値が極めて高いエリアにありながら権利関係のもつれが原因で有効活用できない土地を借家人付きでスルガが買い取り、当該業者が明渡しを実現してからスルガに引き渡す」という、報道されたスルガの典型的なスキームに則ったものと推測される事案でした。

　所有者としては、どんなに立地が良くても、借り手も買い手もつかない物件を保有し続けるのは非常に困難です。むしろ立地が良いからこそ、毎年の固定資産税を支払っていくだけでも大変な負担となるうえ、相続発生時には多額の相続税がのしかかります。そのような状況で好条件の買い手が現れれば、少々不審に感じるところがあっても、渡りに船とばかりに話に乗ってしまう所有者は少なくないでしょう。また、所有者としては売買代金を得て所有権を移転した時点で目的は達成しており、その後にどのような処理がなされるかには関心がないのが通常かもしれません。

　スルガコーポレーション事件では、明渡交渉を行ったのが指定暴力団との関係が取り沙汰される企業であり、実際に強引な明渡交渉もあったと報じられています。そのような事情から、警察も捜査に踏み切ったものとみられます。他方で、いわゆる町の不動産業者が明渡交渉を行ったとして、弁護士法違反で刑事処分がなされたというニュースは聞き及びません。

　判例では、貸主が不動産業者に対して借主との明渡交渉を委任し、仲介業者が報酬請求をしたところ、貸主がこれを支払わなかったため、不動産業者が不動産仮差押えを申し立てたところ、弁護士法違反・公序良俗違反を理由に報酬請求権が否定された事例がありますが（広島高決平成4・3・6判時1420号80頁）、刑事の裁判例は見当たりません。しかし、前述の最高裁判例が出た以上、今後は不動産業者が明渡交渉を行うことは弁護士法違反になると考えて行動すべきではないかと思います。

　また、仮に不動産業者に依頼して借主との合意に至ったとしても、後に借

主から、弁護士法違反・公序良俗違反を理由に合意が無効であると主張されるリスクがつきまといます。このようなリスクを抱えながら建物を解体したり、新たな建物の建築を進めたりすることはあまりにも危険です。

　ところで、このように多くの貸主が不動産業者に明渡交渉を依頼してしまうような状況を生んだ責任の一端は、われわれ弁護士にあるように思います。

　弁護士としては、「嫌がらせをしてでも、借主を1カ月以内に追い出してほしい」というような不法な依頼を受けることはできませんが、昨今はそのような無茶な依頼をしてくる貸主は少数派でしょう。多くの貸主は、弁護士の知り合いがいなかった、弁護士に相談したがろくに話も聞かずに「普通借家で借主が住んでいるなら明渡しは不可能」と言われた、といった理由で弁護士への委任を見送っているように思います。そのような場合、不動産業者による交渉が奏功しなければ、訴訟提起を検討することもなく明渡請求を断念しているのではないかと危惧します。

　他方、借主側でも、普通借家契約であるにもかかわらず、契約期間が満了に伴って貸主から退去を求められ、法定更新の制度や正当事由について全く知らないままに明渡しをしているケースもあるのではないかと思います。

　第1編第2章Ⅰで述べたとおり、建物明渡事件は、貸主・借主の双方にとって死活問題となることの多い、重大な紛争類型です。1件でも多くの紛争が適切に解決されるよう、われわれ弁護士が積極的に情報発信し、研鑽を積んでいくべきではないかと思います。

第2章　賃料不払い①──訴訟外での解決が可能なケース

I　事案の概要

――〈*Case* ②〉――

　Ｘは先代から続く地主であり、東京都目黒区内にマンションを数棟保有し賃貸している。父親の代までは全棟サブリースで経営していたが、収益が芳しくないため、Ｘが相続してからはすべて賃借人との直接契約に切り替えた。立原弁護士とは顧問契約を結び、不動産業者や入居者とのトラブルについてよく相談している。

　ＸはＹに対し、自己の所有するマンションの一室を賃料月額20万円で貸している。契約締結から7年ほどは問題なく賃料が支払われていたが、半年前から賃料の送金がなく、一度督促の手紙を出したものの、これに対する返事もない。なお、Ｙの父親Ｚが連帯保証人となっているが、当初の契約時に必要書類を提出したのみで、その後賃貸借契約は法定更新となっており、Ｙ、Ｚともに現在の状況は不明である。

Ⅱ 実務上のポイント

〈*Case* ②〉における実務上のポイントは、以下の３点である。

① 滞納賃料回収と明渡しの優先関係

② 早期の明渡しを実現するための交渉のあり方

③ 協議に応じる滞納借主に対する対応

Ⅲ 初回相談

立原㋯：Ｘさんこんにちは。今日はどうされましたか。

Ｘ　氏：以前ご相談した、目黒のＸマンションなんですが、賃料を払わない入居者がいまして。もう４カ月分、80万円の家賃が入りません。どうしたらいいでしょうか。

立原㋯：それは困りましたね。督促はされましたか。

Ｘ　氏：はい、２カ月滞納が続いた時に、借主のＹさんに対してこの手紙を特定記録郵便で送りましたが、返事がありません。

立原㋯：契約書は、以前私が作成したひな型を使われていますよね。ということは、２カ月の滞納で解除できるという条項がありますね。

Ｘ　氏：はい、そのとおりです。解除すると書こうかとも思ったのですが、これまではきちんと払っていましたので、もう少し待とうと思いました。

立原㋯：この連帯保証人欄にある、Ｚさんには連絡されましたか。

Ｘ　氏：いいえ、ＺさんはＹさんの父親で北海道に住んでいるそうですが、Ｙさんももういい大人ですし、Ｚさんは70歳になっている

　　　　　はずです。Zさんに連絡するのはなんだかしのびなくて。

立原㋪：そうですか、Xさんは優しいですね。しかし、こういった問題
　　　　　を解決するためには、連帯保証人の役割はとても重要です。Y
　　　　　さんだって、父親に迷惑はかけたくないと思います。このマン
　　　　　ションは単身者が住むには家賃が高めですし、ここに住んでい
　　　　　る限りZさんに迷惑がかかるなら、Yさんも引っ越すことを考
　　　　　えるかもしれません。

X　　氏：なるほど。ところで、退去は3月の引っ越しシーズンに間に合
　　　　　いますか。ご存知のとおり、この物件は単身者向けでして、入
　　　　　居者は都心で通勤する独身のサラリーマンが中心です。毎年、
　　　　　人事異動がある3月にはたくさん引き合いがあるのですが、そ
　　　　　こを過ぎるとほとんど動きがなくなってしまうのです。

立原㋪：なるほど。今日は11月15日ですね。内容証明では今月中に退去
　　　　　せよと書きますが、任意に出て行かなければ、普通は裁判を起
　　　　　こすことになりますね。

X　　氏：裁判になれば勝てますか。

立原㋪：4カ月も滞納しているなら、慌てて滞納分を全額払ってこない
　　　　　限り、明渡しは認められるでしょう。払ってきた場合には見通
　　　　　しが変わってきますが、1カ月の賃料が20万円となると、4カ
　　　　　月分もまとめて払うことができるかは疑問です。

X　　氏：なるほど。もし判決で勝てば、すぐに立ち退かせられますか。

立原㋪：すぐに訴訟の準備をしても、1回目の期日が入るのが1カ月後
　　　　　になるでしょうね。裁判は月1回ペースです。1回目は相手は
　　　　　欠席することもでき、なんだかんだ引き延ばしをされると、1
　　　　　審の判決が出るまでに半年くらいかかる可能性が高いと思いま
　　　　　す。さらに控訴されれば、高裁の第1回期日は控訴日から2カ
　　　　　月以上先になるのが普通ですから、高裁の期日が1回だけで終

わったとしても、判決確定はさらに先延ばしになってしまいま
すね。強制執行までいけば、１年以上かかる可能性もあります。

X　氏：そんなに時間がかかるのですか……。その間の賃料はどうなり
ますか。裁判所で認めてもらえますか。

立原㉇：もちろん、明渡しだけでなく、未払いの賃料と、明渡しまでの
賃料相当損害金を請求します。判決でも問題なく認められるで
しょう。ただ、実際に回収できるかは別問題です。

X　氏：そうなんですか。判決で認められても終わりではないのですか。

立原㉇：はい。残念ながら、判決をとっても、裁判所がお金を回収して
くれるわけではありません。判決後に請求しても払ってこない
ようなら、財産を調べて差し押さえるなど、まだまだやらなけ
ればならないことがあります。判決をとっても相手に財産がな
ければ絵に描いた餅なのです。たとえば破産されてしまえば回
収できなくなります。

X　氏：そうですか……。まあ、破産してしまえばこちらも諦めはつく
かもしれませんし、損金処理も簡単にできそうです。ただ、や
はり逃げ得は許したくないですね。

立原㉇：そうですよね。ただ私の経験からすると、家賃を滞納するよう
な人にはほとんど財産も収入もありません。皆さん、お金に困
ったときには優先順位を考えますよね。普通は今の生活を守る
ことを考えますから、賃料を滞納するのは最後に近いことが多
いように思います。先ほどのお話だと保証人は高齢ですから、
今は仕事をしていない可能性もあると思います。

X　氏：そうかもしれませんね。とにかく、お金のことは後で考えると
して、一刻も早く明け渡してもらったほうがよさそうですね。

立原㉇：そのとおりですね。手紙を送った後のことは、私もいくつか考
えがあります。報告は随時させていただきますので、方針はあ

> る程度お任せいただけますか。
>
> X　氏：はい、お任せします。

　打合せ後、立原弁護士はYに対する通知書を内容証明郵便で送付した（【書式2-1】）。

【書式 2-1】　賃料を滞納している借主に対する通知書（〈*Case* ②〉）

通　知　書

令和3年11月15日

〒○○○-○○○○
東京都目黒区○○1-1-1
Xマンション302号室
　　　　Y　　　殿
〒○○○-○○○○
北海道釧路市○○　○番
　　　　Z　　　殿

　　　　　　　　　　　　　　〒113-0032
　　　　　　　　　　　　　　東京都文京区弥生3-3-3
　　　　　　　　　　　　　　TEL　03-1234-5678
　　　　　　　　　　　　　　FAX　03-1234-5679
　　　　　　　　　　　　　　立原法律事務所
　　　　　　　　　　　　　　X代理人弁護士　立　原　道　夫

　前略　X（以下「通知人」という）の代理人として、以下のとおり通知いたします。
　XはY殿に対し、平成26年8月1日より、東京都目黒区○○1-1-1Xマンション302号室（以下「本物件」という）を、賃料月額20万5000円、毎月末日限り翌月分支払いの約定で賃貸し（以下「本件賃貸借契約」という）、Z殿は本件賃貸借契約から生じるY殿の債務につき連帯保証されています。

　ところが、貴殿らは令和3年6月30日に同年7月分を支払って以降は賃料の支払いをしていません。これまでに、遅延損害金を度外視したとしても、80万0000円の賃料が未払となっています。

　つきましては、令和3年11月30日までに、上記未払賃料に令和3年12月分賃料を加えた合計100万0000円を、下記口座に送金されるよう請求致します。

　なお、上記期日までに支払なき場合は、改めて通知することなく、貴殿の債務不履行により本件賃貸借契約を解除し、遅延損害金を含めた未払賃料の請求に加え、本物件の明渡しを得るべく法的措置を講じさせて頂きますことを申し添えます。

　以後、本件に関する一切の連絡は弊職宛にされ、本人への連絡は御無用に願います。

草々

記

　　○銀行　本店　普通　1234567　弁護士立原道夫預り口

1　検討——賃料滞納者に対する対応の基本方針

⑴　*Point 1*——長期滞納事案でまず考えるべきこと

　一般的に、1カ月、2カ月の滞納で弁護士に相談する貸主は稀であり、半年程度滞納が続いて相談に来る貸主も少なくない。

　このように賃料の滞納が長期にわたっている場合、まず考えるべきことは、①本人を1日も早く退去させること、②滞納賃料の回収と早期退去のため、連帯保証人と密に連絡をとること、の2点であろう。

　このような事案において連帯保証人の役割は極めて重要である。滞納状態になると、「賃借人を1日も早く退去させる」という点において、貸主と連帯保証人の利益は一致する。貸主の代理人としては、速やかに連帯保証人に連絡し、現状を正確に説明し、借主の退去が遅れるほど連帯保証人の債務が膨れあがることを理解させるべきである。貸主に対しては居直る借主も、多

くの場合親族や友人である連帯保証人に迷惑をかけることは嫌うことが通常だからである。

なお、改正法施行後（令和 2 年 4 月 1 日以降）に締結された保証契約については、個人が保証人となる場合は極度額の設定が必要となること、改正法施行前からの賃貸借契約が更新された場合におけるこの点の扱いについては議論があることに注意を要する（詳細は第 1 編第 4 章を参照）。

他方、連帯保証人として家賃保証会社を利用している場合、家賃保証会社の経営が健全であれば、滞納賃料は家賃保証会社から支払われ、退去についても家賃保証会社が積極的に借主と協議をすることが大半であろう。この場合、貸主としては、家賃保証会社の補償内容を十分に検討し、補償の範囲を確認する必要がある。しかし、家賃保証会社が倒産しているケースも多い。この場合は事実上連帯保証人が不在であるのと同様であるから、滞納分の回収については借主本人への請求しか術がなく、困難が予想される。よって、まずは早期の明渡しを実現し、損害を最小化することに注力すべきであろう。

(2) *Point 2*——訴訟の問題点について十分に説明すること

相談者の中には、裁判手続によってすべての問題がたちどころに解決するかのような期待を寄せている者も少なくない。

弁護士としては、〈*Case* ②〉のような権利関係の明確な事案においても、訴訟手続には相応の時間を要すること、退去、滞納賃料の回収とともに、相手が任意に履行しなければ、貸主側から強制執行を申し立てる必要があること、そのために費用がかかること、さらに滞納賃料の回収については資産調査をしなければならないこと、差押えが空振りに終わることも多いことなどを、十分に説明しておかなければならない。

2　検討——受任通知に記載すべき内容

(1) *Point 1*——無催告解除の可否

近時の建物賃貸借契約書のひな型には、借主が 2 カ月ないし 3 カ月家賃の

支払いを怠った場合には、貸主は催告なくして賃貸借契約を解除できる旨の条項が存在することが多い（いわゆる無催告解除特約）。

　しかし、かような特約があったとしても、無催告解除が当然に有効とされるわけではない。最高裁判所はかような特約につき、「催告をしなくてもあながち不合理とは認められないような場合には、無催告で解除権を行使することが許される旨を定めた約定であると解するのが相当」という、文言や当事者（特に貸主）の合理的意思からすればかなり強引とも思える限定解釈をしている（最判昭和43・11・21民集22巻12号2741頁）。

　よって、無催告解除特約があったとしても、それまで全く督促をしていない、あるいは口頭でしか督促をしていないようなケースでは、最初の通知でいきなり契約を解除するというのは慎重になるべきであろう。

　現実的に考えても、長期にわたり家賃を滞納している賃借人が、通知を受け取ってから1週間ないし2週間というような期間内に滞納分全額を弁済してくることは極めて稀であろうし、またそのような場合には契約を継続して再度様子をみてもよいだろう。

⑵　*Point 2*──遅延損害金の請求

　賃料の支払いが遅れた場合、当然に遅延損害金が発生する。賃貸借契約書において遅延利息が定められている場合（年14.6％とする例が多い）はこれに従い、かかる条項がない場合は法定利息によってこれを計算することになる。しかし、金銭消費貸借の場合と異なり、当事者が損害金についてほとんど意識していないことが多い。

　実務上、賃借人が滞納していた賃料を2、3カ月分まとめて支払ったり、とりあえず手元にある分だけということなのか、1カ月分の賃料に満たない金額を支払ったりすることが多くみられる。このような場合、借主としては賃料元本のうち弁済期の古いものから順に充当することを意図して送金しているものと推測されるが、借主、貸主共に充当の指定をしていないため、理論的には法定充当によることになるだろう。

　そうなると、弁済はまずは遅延損害金に充当されることになり、計算は複雑になるが、債務整理事件で用いられる利息計算ソフトを活用し、賃料受取用口座の履歴に従って入力していけば、正確な金額を算出することが可能である。

　もっとも、賃料を滞納する者の大部分は資力に乏しいことから、遅延損害金をどこまで厳密に計算し、請求するかは事案ごとの判断になるだろう。

　たとえば、早期の明渡しを優先する場合、交渉により合意した明渡期日までに明渡しを完了した場合には遅延損害金を免除し、訴訟提起に至る場合には原則どおり遅延損害金の請求を含める、といった対応が考えられる。

IV
借主からの電話

1　Y氏とのやりとり

立原弁護士が受任通知を出した5日後、Yから電話があった。

Y　　氏：あの……。部屋のことで手紙をもらったYと言いますが。

立原㋵：はい。手紙は読んでいただけましたか。

Y　　氏：読みましたけど……。

立原㋵：手紙に書いたとおり、Xさんからは、あなたから家賃をもらっていないと聞いていますが、あなたのご認識はいかがですか。

Y　　氏：払っていないのは間違いないです。払わないといけないとは思っていますが、いろいろ事情がありまして……。これまでXさんともめたこともなかったですし、急に契約を解除するというのはひどいじゃないですか。

立原㋵：では、あなたからXさんに自分から連絡して、支払いが遅れる理由を説明されたことがありますか。

Y　　氏：それは……ないですけど……。

立原㋫：一度こちらの事務所でお話をうかがえますか。平日の昼間はお
　　　　勤めですか。

Ｙ　氏：いえ、最近は仕事があまりありませんから大丈夫です。まあそ
　　　　れで家賃を払えなくなったわけですが……。

立原㋫：そうでしたか。それでは、来週金曜日の午後2時はいかがです
　　　　か。

Ｙ　氏：わかりました。そちらにうかがいます。

2　検討──借主から連絡があった場合の対応・*Point*──借主との面談の機会を設けるか

　賃料を滞納している相手方に対してどのように接するかは、各弁護士の個性が強く出るところであり、絶対的な正解があるわけではない。〈*Case* ②〉のように面談の機会を設けることもあれば、借主の言い分には一切聞く耳をもたず、期日までに支払いがなければ直ちに訴訟を提起することもあるだろう。

　また、同じ弁護士でも依頼者の要望によっても対応は変わるであろうし、何より借主がどのようなタイプかを見極めて対応を考えることが多いと思われる。

　筆者としては、〈*Case* ②〉のように、通知を受け取った借主がさほど時間を空けずに自分から連絡してくるようであれば、一度面談の機会を設けることは有意義ではないかと考える。ただし、結果的に訴訟提起することになり交渉が無駄になることもあり得るため、スピード感をもって協議を進めることが重要だろう。

V
借主との面談

1　Y氏とのやりとり

　翌週金曜日の午後2時に事務所に来訪した借主であるY氏とは以下のやりとりがあった。

立原㉯：家賃の支払いができなくなった事情をお聞かせいただけますか。

Y　氏：はい。私は個人でデザインの仕事をしていまして、部屋を借りた時はかなり収入があったんです。1年くらい前から、だんだん仕事が減っていまして、それでいろいろな支払いができなくなり、家賃も払えなくなってしまいました。

立原㉯：契約では、使用目的は居住に限るとしていますが、実際には事務所としても使っているのですか。たとえば仕事の来客はあるのですか。

Y　氏：事務所といいますか……私の仕事はパソコン1台あればできる仕事です。仕事の打合せは常にお客さんの所に行きますから、部屋の状態は普通の住まいと変わりません。

立原㉯：この物件は2LDKですよね。入居時の申込書をみると、婚約者の方と住むということですが、今も一緒に住まわれていますか。

Y　氏：いえ。いろいろあったのですが、簡単にいうと別れました。今は一人暮らしです。

立原㉯：お父さんのZさんが連帯保証人になっていて、Zさんにもこちらから手紙を出しました。Zさんとは何かお話をされましたか。

Y　氏：しばらく疎遠になっていたのですが、そちらから手紙を受け取ったということで、私に連絡がありました。急に弁護士から手

紙がきて驚いていました。まず私にだけ連絡するのが筋じゃないですか。

立原㊁：いいえ。連帯保証人の場合、債務者本人と連帯保証人のどちらに先に請求することも可能です。私の場合は同時に通知を出します。それで、Ｚさんは何と言っていましたか。

Ｙ　氏：私から、「自分で何とかするから、親父は心配しなくていい」と言いました。

立原㊁：支払いについて、何かお考えはありますか。

Ｙ　氏：はい。今新しいビジネスのプランがありまして、３カ月後くらいには動き出す予定です。来年には軌道に乗ってかなり収入は増えると思います。そうすれば、滞納している分も払えると思います。

立原㊁：半年はとうていお待ちできません。それだけ時間がかかるなら、お父さんから回収することを考えなくてはなりません。

Ｙ　氏：じゃあどれくらいなら待ってもらえるのですか。私は今の部屋が気に入っていますから、引っ越しは避けたいと考えています。

立原㊁：契約の上では、２カ月の滞納で契約を解除できることになっていますが、Ｙさんの滞納はもう４カ月に達しています。確かに新しい仕事がうまくいくかもしれませんが、それは誰にもわかりません。部屋は退去していただきたいというのがこちらの結論です。退去の時期や、滞納分の支払方法は、事情をうかがって検討したいと考えています。

Ｙ　氏：では、滞納している分は、今年のうちに払います。契約は続けさせてください。

立原㊁：契約を継続しないという結論に変わりはありませんので、もし退去をしていただけないならば、裁判所で手続をとるほかありません。Ｙさん、これは余計なことかもしれませんが、都心と

はいえ一人暮らしに月20万円の賃料は高すぎませんか。私自身
も個人事業主ですし、資金繰りがうまくいかなかった方の相談
を受ける立場でもありますが、売上げが安定しないときに高い
固定経費を抱えてしまうとどうしても資金繰りは厳しくなりま
すよね。いろいろな思いがあるでしょうが、契約を続けること
はYさんやZさんにとってよいことでしょうか。Xさんは、Y
さんは7年近くきちんと家賃を払ってくれていたので、ご事情
にはある程度配慮したいと言っています。引っ越しはいつでき
るか、滞納分はどうやって払うかというようなご提案をいただ
けませんか。

Y　氏：……契約を続けることしか考えていなかったので、今日すぐに
は返事できません。

立原㊥：わかりました。今日は金曜日ですから、週末の間に考えて月曜
日に連絡をください。

2　検討——借主との初回面談のポイント

(1)　*Point 1*——解決手段の選択

　建物明渡しを実現するための解決手段としては、①通常訴訟、②明渡断行
仮処分、③即決和解、④訴訟外での合意締結が考えられる。〈*Case* ②〉では、
まず③④のような合意による解決をめざし、これがかなわないときに①②の
ような強制的な解決手段へ移行することを前提としている。

　貸主の代理人としては、こうした選択肢を意識しながら借主との初回面談
に臨み、面談終了後には依頼者と協議のうえで基本方針を決定することが望
ましい。以下、各手段のメリット、デメリットを簡単に述べる。

(A)　通常訴訟

　初回相談における立原弁護士の説明のとおり、通常訴訟の最大のデメリッ

トは解決までに時間を要することである。訴訟提起した場合、借主側が露骨な引き延ばしを図ることは少なくない。そのような訴訟活動を許さず、短いスパンで期日を入れる裁判官もいる一方、原告（貸主）がどんなに訴えても適切な訴訟指揮をせず、漫然と1カ月ごとに期日を入れ、書面の提出を待つという裁判官もいる。判決確定まで1年を要したうえ、その間の賃料相当損害金が回収不能になったのでは、貸主としてはたまったものではない。

　よって、物件の特殊性が強い、地域的に需要が少ないなど、次の借り手がなかなか決まらないような物件の場合は例外として、原則的には、交渉による解決を試みて奏功しないときに訴訟を検討すべきであろう。

(B)　明渡断行仮処分

　この点、明渡断行仮処分は、裁判所を利用しながら、時間がかかりすぎるという訴訟のデメリットを回避できる方法である。

　東京地方裁判所を例にとれば、申立て当日に担当裁判官と面接して事情説明をすることができ、そのうえで、申立てに相応の理由があると判断されれば、借主を呼出し、貸主（代理人）、借主双方の意見を聞く期日が設けられる。期日はおおよそ申立日の1週間から10日前後で設定され、さらに期日を重ねる必要がある場合は、特に期日間の準備事項がない限り、当事者と裁判官のスケジュールから最短の日程が設定されるため、1週間に2度、3度と期日が設定されることもあり、審理のスピードの点では訴訟との差は歴然としている。

　もっとも、保全の必要性として、単に「明渡しを得るまでの間の賃料相当損害金が回収不能となる可能性が極めて高い」というだけでは不十分であると考える裁判官も多いようであり、賃料滞納の事案で明渡断行の仮処分決定を得ることは容易ではない。

　しかし、借主に呼出状を送付するところまで進めれば、仮処分の席上で和解が成立する可能性も高い。「訴訟になっても半年くらいは居座れるだろう」と高を括っていた借主が、ある日突然、「来週出頭せよ」という裁判所から

の通知を受け取る。おそるおそる出頭すると、想像していた法廷とは違い裁判官の机の目の前に座らされる。家主の申立内容を説明され、言い分を聞かれるが、確かに家賃は払っていないので何も反論できない。こうなると、後は自然と和解に向けた条件面の協議に移行していくことが多いのではないだろうか。その意味で、この種の事案を解決するために仮処分は非常に有効な手段となり得るといえる。

(C)　即決和解

　他方、訴訟外で借主と交渉して合意に至った場合には、即決和解を利用するか、訴訟外での合意締結にとどめるかを検討することになる。いうまでもなく、即決和解の調書は債務名義となるが、訴訟外での合意締結では債務名義がないため、相手が合意を履行しなかった場合には、別途債務名義を得るために訴訟提起等の手段を講じる必要がある。

　しかし、即決和解の問題として、期日設定が困難であるという点があげられる。各地の裁判所の実情にもよるが、即決和解の申立てをしてから和解期日までおおむね1カ月程度、場合によっては2カ月以上かかってしまう場合がある。このため、即決和解期日が明渡期日の直前になってしまうとか、最悪の場合は明渡期日までに即決和解期日を設定できないということも起こり得る。即決和解手続は双方が出席しなければならないから、万一借主が翻意すれば期日に出頭しないであろう。よって、明渡期日の直前に即決和解手続を行うことにはあまり意味がないように思われる。

　また、明渡しの合意書に捺印することは了解しても、即決和解はしたくないという借主もいる。その心理としては「本心では明渡しをする気がないために貸主に債務名義を与えたくない」という場合もあるだろうが、「貸主の主張に応じて明渡しを約束したのに裁判所に出頭するのは心外だ」という感情論であることも多い。もちろん、債務名義をとるに越したことはないが、即決和解を持ち出すことで構築されかけた借主との信頼関係が崩れる可能性があるということは留意しておく必要があるだろう。

　結局、即決和解を申し立てる実益があるのは、明渡しを相当長期間、少なくとも申立ての時点から３カ月以上猶予する案件に限られると考える。明渡猶予期間が長ければ、その間に借主の気分や環境に変化が生じることはあり得るが、そのような心変わりがあったときにも直ちに強制執行ができるようにするという意味で、即決和解は有力な手段になり得る。

(D)　訴訟外での合意締結

　訴訟外で合意書を締結するという方法は、短時間で解決に至り得る点ですぐれている一方、前記のとおり債務名義が存在しないという問題がある。すなわち、万一明渡しがなされなかった場合には提訴の必要が生じ、結果的に明渡期日までの時間を空費することになるというリスクがあるため、借主がある程度信頼のおける相手であることが大前提となる。そこで、面談を通じて借主の人物像、誠実さを見極めることが重要となる。

　また、〈*Case* ②〉のように、連帯保証人が借主の親族であり、連帯保証人に迷惑をかけたくないという借主の思いが強い場合には、類型的には明渡期日までに明渡しがなされる可能性が高いと考えられる。

(2)　*Point 2*──契約の継続に応じるか否か

　交渉では、物件の明渡時期と、未払賃料および明渡日までの賃料相当損害金の支払方法について協議することになる。

　〈*Case* ②〉のように、借主から「滞納分は払うから、契約は継続してほしい」と要望されることは多いが、このような要望があってから検討する素振りをみせると、借主に無用な期待を抱かせ、解決を難しくすることがある。

　そこで、貸主の代理人としては、そのような申出があった場合の対処について貸主と事前に打合せをしておき、借主に対しては毅然とした態度をとるべきである。〈*Case* ②〉では「滞納が解消されるとしても退去を求める」という方針であるが、場合によっては、一定期間内に滞納が解消されれば契約を継続するとか、定期借家契約に切り替えて様子をみるという場合もあるだろう。

Ⅵ
面談後の交渉

　翌週の月曜日、約束どおりＹから立原弁護士に連絡があった。Ｙからは、６カ月後に退去し、滞納分は退去日に全額を返済するとの提案をした。

　立原弁護士は、単身者の退去のために６カ月も明渡しを猶予することはできない、滞納分については退去日まで毎月分割で支払うことを求める、それが不可能ならば、Ｚの資産からの回収を図らざるを得ないと伝えた。なお、立原弁護士は、Ｚの自宅土地がＺの所有であり、抵当権が設定されていないことを確認済みであった。

　その後何度か電話での交渉を行い、Ｙが３カ月後に退去し、滞納分についてはそれまでに全額を支払うことで合意が成立した。立原弁護士は合意書案を作成し、ＸとＺの了承をとりつけ、まず北海道にいるＺには郵送で捺印を求め、Ｙには事務所への来所を求め、面前で合意書に調印した（【書式2-2】）。

【書式2-2】　賃料不払解除による明渡合意書（《*Case* ②》）

合　意　書

　Ｘを甲、Ｙを乙、Ｚを丙として、以下のとおり合意する。

1　甲乙丙は、別紙物件目録記載の建物（以下「本物件」という）についての賃貸借契約が、令和３年11月30日、乙および丙の賃料不払に基づく甲からの債務不履行解除により終了したことを確認する。

2　甲は、乙に対し、本件建物の明渡しを令和４年２月28日まで猶予する。

3　乙は、甲に対し、令和４年２月28日限り、本件建物を明け渡す。

4　乙および丙は、甲に対し、連帯して、本件建物の賃料相当損害金として、令和３年11月30日、同年12月31日、令和４年１月31日限り、各20万円を、○銀行　本店　普通　1234567　弁護士立原道夫預り口（以下「甲指定口座」

という）に振り込む方法で支払う。

5　乙および丙は、甲に対し、本件建物の未払賃料として金80万円を連帯して支払う義務がある事を認め、令和3年11月30日、同年12月31日、令和4年1月31日、および同年2月28日の4回に分割し、各20万円を甲指定口座に振り込む方法で支払う。

6　乙が第3項の建物明渡しを遅滞したときは、乙および丙は甲に対し、連帯して、令和4年3月1日から明渡し済みに至るまで、一ヶ月40万円の割合による賃料相当損害金を支払う。

7　乙および丙が第4項の支払を怠ったときは、当然に第2項および第5項の期限の利益を失う。

8　乙および丙が第5項の支払を怠ったときは、当然に同項の期限の利益を失う。

9　甲は、乙が本件建物を明け渡したときは、速やかに原状回復に要する費用を算定し、乙より預託した敷金40万円から当該原状回復費用を控除した金額を乙に支払う。

10　乙が本物件を明け渡したときは、本物件内に残置した動産その他一切の設備について、その所有権を放棄し、甲が自由に処分することに異議を述べない。

11　本合意書に定めるほか、甲乙間および甲丙間に何らの債権債務がないことを相互に確認する。

　以上の合意を証するため、本合意書3通を作成し、甲乙丙各1通を保管する。
　令和3年11月30日

　　　　　　　　　　　〒　113-0032
　　　　　　　　　　　東京都文京区弥生3-3-3
　　　　　　　　　　　立原法律事務所
　　　　　　　　　　　甲　X代理人弁護士　立　原　道　夫
　　　　　　　　　　　〒　○○○-○○○○
　　　　　　　　　　　東京都目黒区○○1-1-1
　　　　　　　　　　　Xマンション302号室
　　　　　　　　　　　乙　Y
　　　　　　　　　　　〒　○○○-○○○○

北海道釧路市○○　○番

丙　Z

物件目録

所在　　　　東京都目黒区○○　1丁目25番1
家屋番号　25番の1
種類　　　　共同住宅
構造　　　　鉄筋コンクリート造陸屋根地下1階付6階建
床面積　　　1階　242.35m^2
　　　　　　2階　220.28m^2
　　　　　　3階　220.28m^2
　　　　　　4階　210.47m^2
　　　　　　5階　203.86m^2
上記のうち、3階302号室（101号室）50.25m^2（別添図面（略）のうち斜線で囲んだ部分）

VII
合意書締結後

1　事実経過

合意書締結後、Yからは約定どおり賃料相当損害金と滞納賃料の送金があり、Yは2月末日に退去を完了した。

立原弁護士は、Yは合意の履行を期待できる人物であるという見立てが正しかったことに安堵し、Xとしても、3月・4月の引っ越しシーズンに間に合ったことを歓迎した。

2　検討──明渡合意書の記載事項

(1)　*Point 1*──合意書に記載すべき内容

賃料不払解除の事案において私的な合意書により明渡しを合意する場合、

①契約の終了日および終了原因、②明渡期日、③明渡期日までの賃料相当損害金の支払方法、④滞納賃料の金額およびその支払方法を記載する必要がある。また、〈*Case* ②〉のように、残置物があった場合の処理や、敷金の清算についても言及するのが望ましい。

(2)　*Point 2*──明渡時期と滞納賃料の支払時期との関係

　私的な合意書の場合、和解調書とは異なり債務名義になるものではないため、各条項の執行力について注意を払う必要はない反面、相手方の任意の履行が期待できるような内容にする必要がある。

　貸主としては、当然退去も滞納賃料の弁済も早いに越したことはないが、無理な期間設定をしてこれが順守されないと、結局解決に時間を要することになる。

　また、滞納分の支払時期と物件の明渡時期は、理論的には関連性のないものである。しかし、筆者の経験でいえば、賃料を滞納している者の心理として、居住している間は何とか滞納分を支払おうという意欲が湧くが、転居後はその意欲がなくなり、完全に開き直ることが多いように感じる。よって、債権回収の成功にウエイトをおくならば、一定期間明渡しを猶予して、居住中に滞納分を完済するような合意をする解決が望ましいといえる。

　しかし、このような合意をしても、滞納賃料はおろか、明渡日までの賃料相当損害金すら支払わない借主も少なくない。この場合、退去が先延ばしになった分だけ損害が膨らんでしまう結果になるため、明渡しや支払いをどれだけ待つかの判断は非常に難しい面がある。

　〈*Case* ②〉では、借主自身に相応の誠意があったことはもちろんだが、借主の父親が連帯保証人となっておりかつ自宅を自己所有していたことが、借主が早期に明渡しをする動機となった面がある。このように、借主は連帯保証人に迷惑が及ぶことは避けたいと考えるのが通常であるから、貸主代理人としては、借主と連帯保証人との関係、連帯保証人の資力について十分な調査をすることは必須といえる。

(3)　*Point 3*——敷金の処理

　賃貸借契約の締結にあたり、住宅の場合は賃料の2カ月分程度、事務所等の場合にはそれ以上の敷金（保証金）が差し入れられている場合が多い。敷金や原状回復について言及せずに清算条項をつけてしまうと新たな問題を生じかねないため、失念しないよう意識しておく必要がある。

　借主からは、滞納賃料と敷金を相殺してほしいと要望されることが通常であり、場合によっては借主から一方的に相殺を主張されることもある。

　しかし、敷金の返還義務が生じるのは借主の退去後原状回復まで完了した時点であるから、居住中の借主が相殺を主張することは失当である。現実的にも、退去が完了するまでは未払賃料（相当損害金）と原状回復費用の算定ができないのであるから、貸主の側から敷金と未払賃料を相殺することは適当ではない。よって、原則としては、通常の賃貸借契約終了の場合と同じく、敷金は原状回復費用の確定後に借主に返金するという処理をすべきである。

　他方、たとえば事務所等で6カ月分の保証金が差し入れられており、物件内を確認したところ原状回復費用がさほど必要ないと予想される場合などは、保証金を減額して一部を未払賃料に充当してもよいケースもあるだろう。

❀コラム　賃料滞納と自力救済 ━━━━━━━━━━━━━━

　「賃料を払わない借主には、1日も早く退去してもらいたい」。貸主なら、誰もがそう考えるでしょう。

　しかし、第2章で紹介したとおり、法に則った解決をするためにはある程度の時間が必要です。〈*Case* ②〉のように交渉で早期解決できればよいのですが、借主の対応によっては、訴訟提起して判決を得て強制執行をするというステップを踏まなければなりません。

　貸主の中には、「半年も賃料を払わず、督促も無視するような無礼な相手に対して、なぜこちらだけ律義にルールを守らなければならないのか」と考える方も少なくないようです。心情としては理解できる面もありますが、法律家としては、このような「自力救済」は日本では認められていないという

ことを懇切丁寧に説明しなければなりません。

　最近では少なくなったようですが、不動産業者の中には、賃料を滞納した借主の玄関ドアに「○日までに全額を払わなければ鍵を替える」と張り紙をしたうえで、実際にその日がきたら、借主の不在中に荷物を道路に出して鍵を替えてしまうという荒業をやってのける業者もいるようです。

　また、平成20年には、貸主の依頼を受けて入居者の同意を得ずに鍵を交換した弁護士が、所属弁護士会から懲戒処分（当初は業務停止１カ月、その後戒告に変更）を受けるという出来事がありました。どのような事情があったのかはわかりませんが、法の担い手である弁護士が自力救済に加担することはあってはならないことだと思います。

　しかし、たとえば室内に財産なのかゴミなのかもわからない私物を大量に残して行方をくらませた借主に対して、どう対処すればよいのでしょうか。法の建前からすれば、訴訟を提起して訴状を公示送達し、欠席判決を得て、判決文をまた公示送達し、強制執行を申立て、執行業者に処分費用を払って残置物を処理する必要があります。そうなれば、その間部屋は誰にも貸すことができず、訴訟費用も執行費用も事実上貸主が全額負担せざるを得ないということになりますが、これをただ「法治国家ですから納得してください」というのは、あまりに酷ではないかと思います。

　このような事案において、貸主が合法的かつ簡易迅速に対処できるような制度が確立されることを願ってやみません。

第3章 賃料不払い②——訴訟による解決を図るケース

I 事案の概要

—〈*Case* ③〉—

　依頼者は、〈*Case* ②〉と同じくＸである。今回の対象物件は単身者向けの１DKマンションとこれに付属する駐車場である。以前はサブリースで運営していたが、サブリース業者Ａの倒産により現在はＸが貸主の地位を承継し、現在は入居者Ｙとの直接契約となっている。Ｙと保証人Ｚの関係は不明である。賃貸借契約は６年前の入居時に締結されて以降、法定更新となっている。Ｙは賃料を半年分以上も滞納し、Ｘからの内容証明郵便も受け取っていない。

II 実務上のポイント

〈*Case* ③〉における実務上のポイントは、以下の３点である。

① 訴訟提起による早期明渡し実現

② 連帯保証人を含めた解決の手法

③ 不誠実な滞納賃借人に対する対応

Ⅲ　初回相談

1　相談時のやりとり

立原㋑：また賃料の滞納ですか。災難続きですね。

Ｘ　氏：そうなんです。今度は前回とは別のマンションですが、半年分以上の賃料を滞納している入居者がいます。１DK の部屋と駐車場１台分を貸しています。入居者には先月内容証明で通知を出しましたが、保管期間経過で戻ってきてしまいました。

立原㋑：住んでいる方はどんな方ですか。

Ｘ　氏：Ｙさんというのですが、実はどんな方か全くわかりません。といいますのも、このマンションは新築当初からＡ社とサブリースで運営していたのです。ところが、昨年Ａ社が倒産して、サブリース契約を解除したので、私がそのまま契約を引き継いだわけです。

立原㋑：なるほど。契約時の書類も引き継げていますか。

Ｘ　氏：いえ、賃貸借契約書はありますが、その他の入居審査関係の書類等は残っていないということでした。契約も最初の１回だけで、後は法定更新です。Ａ社の担当は、「契約書をつくってＹさんに連絡したが無視された」と言っていましたが、ずさんな管理をしていたようですので、真偽のほどはわかりません。

立原㋑：連帯保証人欄のＺさんは、姓は違いますがＹさんの親族でしょうか。

Ｘ　氏：それもわからないとのことです。

立原㋑：そうですか。部屋も駐車場も使っていることは間違いなさそうですか。

X　氏：はい。管理人はYさんが出入りするのをみているそうです。平
日の昼間でもTシャツ姿でうろうろしていて、仕事をしている
のかわからないと言っていました。車は停まっているのを私も
確認しています。

立原㋫：車はどんなものでしょうか。場合によっては差押えも考えられ
ると思いますが。

X　氏：国産のセダンタイプで、見た感じは10年くらいは経っていそう
です。

立原㋫：わかりました。前回同様、ある程度きちんと話をできそうなら
ば交渉で解決をめざしますが、Xさんからの内容証明を意図的
に受け取らないような相手であれば、信頼に足る人物かは疑問
ですね。明渡しの希望時期はありますか。

X　氏：もちろん早いに越したことはないですが、同じマンションで何
室か空室がありますので、特別急いでいるというわけではあり
ません。

立原㋫：わかりました。それでは、私の名前であらためてYさんとZさ
んに内容証明で通知を出し、完全に無視してくるような場合に
は訴訟を提起しようと思います。

X　氏　お任せいたします。

　打合せ後、立原弁護士はYに対する通知書を内容証明郵便で送付した（【書
式 3-1】）。

【書式 3-1】　賃料滞納中の賃借人および連帯保証人に対する通知書（〈*Case* ③〉）

通　知　書

令和 4 年 8 月20日

〒○○○-○○○○
東京都目黒区○○ 2-2-2
メゾンＸ203号室
　　　　Ｙ　　　殿
〒○○○-○○○○
神戸市中央区○○ 3-3-3
　　　　Ｚ　　　殿

　　　　　　　　　　　〒113-0032
　　　　　　　　　　　東京都文京区弥生 3-3-3
　　　　　　　　　　　TEL　03-1234-5678
　　　　　　　　　　　FAX　03-1234-5679
　　　　　　　　　　　立原法律事務所
　　　　　　　　　　　Ｘ代理人弁護士　立　原　道　夫

前略
　Ｘ（以下「通知人」という）の代理人として、以下のとおり通知いたします。
　通知人はＹ殿に対し、東京都目黒区○○ 2-2-2メゾンＸ203号室（以下「本物件」という）を、賃料月額10万3000円、毎月末日限り翌月分支払いの約定で賃貸しています（以下「本件建物賃貸借契約」という）。Ｚ殿は本件賃貸借契約から生じるＹ殿の債務につき連帯保証されています。
　また、通知人はＹ殿に対し、メゾンＸ駐車場P₁区画を、賃料月額２万6250円の約定で賃貸しています（以下「本件駐車場賃貸借契約」という）。
　Ｙ殿は、昨年12月より再三賃料支払いを遅滞するようになり、現在の滞納金額、その金額は、遅延損害金を度外視するとしても、本日時点で、70万4000円（建物賃料57万2750円、駐車場賃料13万1250円）に及んでいます。
　ついては、令和４年９月１日までに、上記滞納金額に令和４年９月分賃料を加えた合計83万3250円を、下記口座に振り込み送金するよう請求いたします。
　万一期日までにお支払いなき場合は、改めて意思表示をすることなく、本件建物賃貸借契約および本件駐車場賃貸借契約を解除するとともに、遅延損害金を含めた債権回収のため、Ｙ殿およびＺ殿に対し、しかるべく法的措置を講じさせていただきます。
　以後、本件に関する一切の連絡は弊職宛にされ、本人への連絡は御無用に願

います。
　なお、本通知は合わせて特定記録郵便でも送付いたします。

草々

記

　〇銀行　本店　普通　1234567　弁護士立原道夫預り口

2　検討——受領拒否が予想される場合の通知方法

　契約解除の意思表示を行う場合、当然配達証明付内容証明郵便により通知することが望ましい。

　しかし、賃料を滞納している賃借人は、家主からの通知を故意に受け取らないことが少なからずある。たまたま在宅時に配達されればよいが、不在の場合、不在票の差出人欄に家主の名前や見知らぬ弁護士の名前があると、賃借人は内容を察知して再配達を申し込まず、結果的に保管期間経過後に差出人に通知が返送される事態となる。

　民法上、意思表示は相手方に到達した時にその効力を生じる。到達とは、必ずしも相手方がその内容を確認する必要はなく、相手方の支配下に入ればよいとされている。しかし、配達証明付内容証明郵便が受取人不在により差出人に返送された場合、意思表示が到達したとみるべきか否かは争いがある（最判平成10・6・11民集52巻4号1034頁はこれを肯定）。

　他方、普通郵便で通知をすれば相手方のポストに投函されるが、その内容はおろか、いつ通知を発したのかの記録さえ残らないという問題がある。

　そこで筆者は、【書式3-1】のとおり、内容証明郵便と同時に特定記録郵便で同内容の通知を発し、そのことを本文にも記載するという方法をとっている。特定記録郵便は、普通郵便と異なり発送・配達の記録は残るが、書留と異なりポストに投函される。上記文言のある内容証明による通知文原本

（郵便事業株式会社の認証文言付）と、同日に発送した特定記録郵便の記録が
あれば、同内容の通知が同日に特定記録郵便で発送され、相手方のポストに
投函されたことは十分に推認可能ではないだろうか。

Ⅳ 訴訟提起

1　内容証明郵便の送達状況

　Yは案の定内容証明郵便を受領しなかったが、特定記録郵便は問題なくY
に配達された。Zは内容証明郵便を受領した。しかし、Y、Zのいずれも、
立原弁護士に連絡することはなく、9月10日までに滞納分を支払うこともな
かった。

　立原弁護士は速やかに訴訟を提起した（【書式3-2】）。

【書式3-2】　賃料滞納中の賃借人および連帯保証人に対する訴状（〈*Case ③*〉）

訴　　　状

令和4年9月25日

東京地方裁判所民事部　　　御中

　　　　　　　　　　　　　原告訴訟代理人弁護士　　立　原　道　夫

〒〇〇〇－〇〇〇〇　東京都目黒区〇〇 2-2-2
　　　　　　　　　　原　告　　　　　　X
　　　　　　　　　　〒113-0032
　　　　　　　　　　東京都文京区弥生 3-3-3
　　　　　　　　　　TEL　03-1234-5678
　　　　　　　　　　FAX　03-1234-5679
　　　　　　　　　　立原法律事務所（送達場所）
　　　　　　　　　　原告代理人弁護士　立　原　道　夫

　　　　　〒○○○-○○○○　東京都目黒区○○ 2-2-2

　　　　　　　　　　　　　　　メゾンX 203号

　　　　　　　　　　　　　　　被　告　　　　　　Y

　　　　　〒○○○-○○○○　神戸市中央区○○ 3-3-3

　　　　　　　　　　　　　　　被　告　　　　　　Z

建物明渡等請求事件

訴訟物の価額　　　220万7033円

貼用印紙額　　　　1万7000円

第1　請求の趣旨

1　被告Yは、原告に対し、別紙物件目録記載1および同記載2の物件を明け
　渡せ。

2　被告Yおよび被告Zは、原告に対し、連帯して、金46万9750円およびこれ
　に対する令和4年9月1日から支払済みまで年14.6％の割合による遅延損害
　金を支払え。

3　被告Yおよび被告Zは、原告に対し、連帯して、令和4年9月1日から別
　紙物件目録記載1の物件の明け渡し済まで1か月金10万3000円の割合による
　金員を支払え。

4　被告Yは、原告に対し、金10万5000円およびこれに対する令和4年9月1
　日から支払済みまで年14.6％の割合による遅延損害金を支払え。

5　被告Yは、原告に対し、令和4年9月1日から別紙物件目録記載2の物件
　の明け渡し済まで、1か月金2万6250円の割合による金員を支払え。

6　訴訟費用は被告らの負担とする

との判決並びに第2項および第3項につき仮執行の宣言を求める。

第2　請求の原因

1　本件建物賃貸借契約の締結

(1)　本件建物賃貸借契約の締結

　　訴外株式会社A（サブリース業者。以下「A社」という）は、被告Yに対
　し、平成28年8月12日、別紙物件目録記載1の物件（以下「本件建物」とい
　う）を下記のとおり賃貸した（甲1、以下「本件建物賃貸借契約」という）。

記

　　　　　期間　　　平成28年8月12日〜平成30年8月11日

　　　　　賃料　　　1ヶ月金10万3000円

　　　　　支払方法　翌月分を毎月27日限り

(2)　被告Zの連帯保証

　被告Zは、本件建物賃貸借契約締結の際、A社に対し、被告Yの本件建物賃貸借契約から生じる一切の債務について、書面により連帯保証した（甲1）。

(3)　本件建物の引き渡し

　平成28年8月12日、A社は被告Yに対し、本件建物を引き渡した。

(4)　法定更新

　平成30年8月11日、本件建物賃貸借契約の期限が到来した。A社は、これに先立ち契約更新の手続きを試みたが、被告Yはこれに応じることなく、本件建物賃貸借契約は法定更新された。

2　本件駐車場賃貸借契約の締結

(1)　本件建物賃貸借契約の締結

　A社は、被告Yに対し、平成28年8月12日、別紙物件目録記載2の物件（以下「本件駐車場」という）を下記のとおり賃貸した（甲2、以下「本件駐車場賃貸借契約」といい、これと本件建物賃貸借契約と合わせ「本件賃貸借契約」という）。

記

　　　　　期間　　　平成28年8月12日〜平成30年8月11日

　　　　　賃料　　　1ヶ月金2万6250円

　　　　　支払方法　翌月分を毎月27日限り

(2)　本件駐車場の引き渡し

　平成28年8月12日、A社は被告Yに対し、本件駐車場を引き渡した。

(3)　法定更新

　平成30年8月11日、本件駐車場賃貸借契約の期限が到来した。A社は、これに先立ち契約更新の手続きを試みたが、被告Yはこれに応じることなく、本件駐車場賃貸借契約は法定更新された。

3　賃貸人の交代

本件建物および本件駐車場の所有者である原告は、令和3年9月30日付けで、

A社の賃料不払いを理由に、同社とのマスターリース契約を解除し（甲3）、同年10月1日以降、原告が本件賃貸借契約における貸主となった。

なお、原告とA社のサブリース契約においては、サブリース契約終了時に有効な転貸借契約があるときは、原告がA社より当該転貸借契約における賃貸人たる地位を承継する旨の約定があり、この約定に従い、原告は、サブリース契約の解除により、当然に被告に対する賃貸人たる地位を承継したものである。

4　本件賃貸借契約の解除

(1)　賃料の滞納

被告らは、令和3年12月ころより、本件賃貸借契約の賃料支払いを滞るようになり、令和4年8月20日の時点で、同月分を含め、本件建物の賃料46万9750円、本件駐車場の賃料10万5000円、合計57万4750円が未払いとなった。

(2)　本件賃貸借契約の解除

同日、原告は、被告Yに対し、内容証明郵便を送付し、同月末日までに、同月27日に支払期日の到来する9月分賃料を含めた70万4000円を送金するよう求めるとともに、万一その支払いがない場合には、改めて意思表示をすることなく、本件賃貸借契約を解除するとなったことを通知した。同通知は同月21日に被告Yに配達された（甲4）。

しかし、同月末日を経過しても、被告らは賃料の支払いをせず、本件賃貸借契約は解除された。

(3)　被告Yの占有

被告Yは、現在も、本件建物および本件駐車場を不法に占有している。

5　結語

よって、原告は、①被告Yに対し本件賃貸借契約終了にともなう本件建物および本件駐車場の明渡し（請求の趣旨1項）、②被告両名に対し、本件建物の未払賃料および解除後明け渡し済までの賃料相当損害金（請求の趣旨2項および3項）、③被告Yに対し本件駐車場の未払賃料および契約解除後明け渡し済までの賃料相当損害金（請求の趣旨4項および5項）の支払いを求め、本訴訟を提起する。

以　上

証拠方法

甲1号証	居住用賃貸借契約書
甲2号証	駐車場賃貸借契約書
甲3号証の1	通知書（A社宛）
甲3号証の2	物件目録（上記通知書添付資料）
甲4号証	通知書（被告ら宛）

附属書類

1	訴状副本	2通
2	不動産登記簿謄本	2通
3	評価証明書	2通
4	甲号証（写し）	2通
5	訴訟委任状	1通

物件目録

1　（一棟の建物の表示）

所在　　　東京都目黒区○○2丁目3番1

種類　　　居宅

名称　　　メゾンX

構造　　　鉄筋コンクリート造陸屋根地下1階付6階建

床面積　　1階　508.56m^2

　　　　　2階　506.67m^2

　　　　　3階　506.67m^2

　　　　　4階　338.22m^2

　　　　　5階　208.03m^2

　　　　　6階　136.41m^2

　　　地下1階　149.39m^2

（専有部分の建物の表示）

家屋番号　　○○2丁目3番1の203

建物の名称　203

種類　　　居宅
床面積　　　2階部分　24.35m²

2　（一棟の建物の表示）
所在　　東京都目黒区○○2丁目3番1
種類　　居宅
名称　　メゾンX
構造　　鉄筋コンクリート造陸屋根地下1階付6階建
床面積　　　1階　508.56m²
　　　　　　2階　506.67m²
　　　　　　3階　506.67m²
　　　　　　4階　338.22m²
　　　　　　5階　208.03m²
　　　　　　6階　136.41m²
　　　　地下1階　149.39m²
（専有部分の建物の表示）
家屋番号　　○○2丁目3番1の115
建物の名称　115
種類　　　駐車場
床面積　　　1階部分　44.28m²
上段3台、下段3台の昇降式駐車場のうち、下段西側区画（別添図面（略）の
うち斜線で囲んだ部分）

2　検討——賃料滞納による建物明渡事件の訴状

(1)　*Point 1*——主張立証のあり方

　賃料滞納を理由に賃貸借契約を解除し、訴訟により明渡しを求める場合の
訴状は、簡潔に、要件事実を漏らさず記載することが重要である。なぜなら、
被告が答弁書も出さずに欠席し、1回結審となることも多いからである。

　また、この類型においては被告が事実関係を争うことは稀ではあるが、賃
貸借契約書、解除通知等の最低限の書証は訴訟提起段階で提出しておいたほ

うが、裁判官としても自信をもって和解を勧告したり、欠席時に早期に結審したりしやすいようである。

⑵ *Point 2*──未払賃料、遅延損害金の計算

【書式3-2】では、未払賃料に対する遅延損害金のうち訴訟提起前に発生した部分を一切含めない請求としている。これは最も簡易な方法であり、判例検索システムの検索結果をみる限りかような請求が非常に多く見受けられる。しかし、未払賃料について最大限の債務名義を取得して回収を図ることを重視するならば、当然遅延損害金を考慮する必要がある。すなわち、滞納が発生した時点から遅延損害金を計上し、弁済があったときは法定充当に従い、既発生の遅延損害金に充当し、次に弁済期の古い順に元本に充当していくという計算方法である。

滞納が長期間にわたっていたり、断続的に支払いがなされていたりするとこの計算は極めて煩雑になるため、エクセル等で作成された利息計算表を用いて一覧表を作成し、これを訴状の別紙として添付するのがよいだろう（第7章における滞納管理費等の計算を参照）。

また、遅延損害金の利率については、賃貸借契約書において14.6%等の利率を定めている場合が多いため、安易に年3分（法定利息）としないよう注意が必要である。

V
連帯保証人からの連絡

訴訟提起から2週間ほど経過した頃、保証人Zから立原弁護士宛てに電話があり、おおむね以下の会話があった。

> Z　　氏：神戸のZといいますが、そちらから訴状というものを受け取り
> 　　　　　 まして、大変驚いて電話した次第です。
> 立原㊟：以前私がお送りした内容証明郵便はご覧になりませんでしたか。

Ｚ　氏：いえ、見るには見ましたが、Ｙさんの問題だと思ってそのまま
　　　　にしてしまいました。確かに、Ｙさんが部屋を借りるときに私
　　　　が保証人になったのは事実ですが、もう６年も前のことです。
　　　　保証人になったのは最初の１回だけで、その後は保証していな
　　　　いので、もう終わったことだと思うのですが。

立原㊞：おっしゃるように、Ｚさんが保証人として署名捺印されたのは
　　　　１度だけのようですね。しかし、その後新たな契約書は作成さ
　　　　れず、賃貸借契約は法定更新され続けて今に至っています。賃
　　　　貸借契約書にも、「保証人は本契約が更新された後も引き続き
　　　　責任を負う」という文言がありますから、連帯保証は続いてい
　　　　るのです。

Ｚ　氏：そのあたりは私は素人でよくわからないので、知り合いに聞い
　　　　てみます。契約した当時、私はＹさんと仕事仲間で、Ｙさんが
　　　　ほかに頼れる人がいないと言うし、当時はＹさんも景気がよか
　　　　ったので大丈夫だろうと思い、仕方なく保証人になったのです。
　　　　でもその後Ｙさんは仕事がなくなって、私が貸したお金も返し
　　　　てもらえず、３年近く音信不通の状態なのです。

立原㊞：そういうご事情だったのですか。Ｙさんが何をしているかわか
　　　　りますか。Ｙさんに連絡はつきますか。

Ｚ　氏：最後に会った時は無職だと言っていましたし、実際そうみえま
　　　　した。携帯の番号を変えていなければ連絡はつくと思います。

立原㊞：Ｙさんがこのまま賃料を払わずにこのマンションに居座ってい
　　　　れば、当然私の依頼者のＸさんは困りますが、Ｚさんも債務が
　　　　増え続けることになります。Ｙさんに早く退去してもらえるよ
　　　　う、Ｚさんからも話をしてもらえませんか。

Ｚ　氏：Ｙは無責任な男ですから、私が言って効果があるかどうか……。
　　　　私もこの状況は困りますから、やれるだけのことはやってみま

　す。ところで、呼出状に書いてあった日には、私は裁判所に行
　かなければなりませんか。遠方なのでそちらへ行くだけでも大
　変です。私の分だけでも裁判を取り下げてもらえませんか。

立原㋛：Ｚさんのお立場はお気の毒だと思いますが、明渡しと滞納分の
　支払いについて解決できないと、訴えを取り下げることはでき
　ません。答弁書を出さず期日におみえにならないと、欠席判決
　で敗訴になってしまいます。なるべく早く解決できるよう、期
　日にもお越しいただきＹさんとお話いただくなど、ご協力いた
　だけませんか。

Ｚ　氏：わかりました。まずはＹさんと話をします。裁判の期日をどう
　するのかは、人にも相談してよく考えます。

　Ｚはこの後東京の坂口安夫弁護士に事件を依頼し、期日の前日に坂口弁護
士より答弁書が提出された。請求棄却を求め、請求原因に対する認否は追っ
て準備書面で行うとの内容であった。他方、Ｙは答弁書を提出しなかった。

Ⅵ
第1回期日

1　法廷でのやりとり

　令和４年10月１日、第１回期日が開かれた。原告側から立原弁護士、被告
側はＹ本人と坂口弁護士が出廷した。法廷ではおおむね以下のやりとりがあ
った。

裁判官：原告より訴状陳述でいいですね。証拠は甲１から４まで。写し
　で提出でよいでしょうか。（Ｙと坂口に対し）原本を確認された
　いものはありますか（Ｙ、坂口、「結構です」と答える）。Ｚさん
　はどのような主張を予定していますか。

坂口㋛：私自身は依頼を受けたばかりで、記録を十分に検討できていま

せん。本人の話では、保証人になったのは間違いないが、契約
は続いていると思わなかったとのことでした。現実的な問題と
しては、支払能力がないということもあります。

裁判官：Ｙさんは、主張されている事実は争うところがありますか。

Ｙ　氏：いえ。争うなんてことではなく、家賃を払っていないのはその
とおりですから、どうやったら穏便に解決できるのかを決めて
もらわないといけないと思っています。

裁判官：いや、それならばお金をどうやって払うのか、いつ退去するの
か、あなたから提案しないと駄目でしょう。

Ｙ　氏：仕事をみつけたのですが試用期間ですし、引越費用も出ないの
で、どうしたものでしょうか……。

裁判官：原告はどうお考えですか。

立原⑪：こちらとしては、まずは退去を先行してほしいと思っています。
年内に退去するということであれば、金銭については具体的な
事情をうかがい、ある程度待つことは検討します。

裁判官：悪い話ではないと思いますが、年内に退去できますか。

Ｙ　氏：……。

坂口⑪：早く出てくださいよ。Ｚさんも怒っていますよ。場合によって
は、引越費用くらいはＺさんが出せるかもしれないから。

Ｙ　氏：そうですか。申し訳ない。

裁判官：それでは、もう少し当事者間で話を詰めてもらったほうがよい
でしょうね。Ｚさんも実質的な反論はないようであれば、次回
は３週間ほど後に和解期日を入れるということでどうですか。

全　員：了解しました。

閉廷後、法廷隣の待合室に場所を移し、三者で協議を行った。

立原⑪：Ｚさんにも話をしましたが、賃貸借契約書は最初に作成された

のみで、後は法定更新になっています。契約上、法定更新でも
保証が続くものとされています。

坂口㋐：契約書はみました。Ｚさんも立場はわかっていますからご心配
なく。それで、Ｙさんはいつ引っ越せるの。仕事はどうしてい
るの。

Ｙ　氏：仕事は、ある社長の個人運転手をしているけど、社長が休みの
日は収入がないし、働いても１日8000円くらいです。一人暮ら
しですから身軽ではありますけど、１カ月6〜7万円の部屋を
借りても、初期費用で半年分くらいかかるしなあ。保証人も必
要だし。高齢で収入の安定しない自分に部屋を貸してくれると
ころはなかなかないですよ。

立原㋐：部屋については、もっと賃料も初期費用も安く、保証人不要で、
入居者を選ばない物件はあるのではないですか。転居される見
込みがないというなら、強制執行まで考えなければなりません
が。

坂口㋐：とにかく部屋を探して、どれくらいお金がかかるのか、私に連
絡してくださいよ。それを受けて、私からＺさんに貸せる金額
かどうか聞いてみるから。

Ｙ　氏：わかりました。でも保証人はどうしたらいいでしょう。Ｚさん
にお願いできますか。

坂口㋐：できるわけないでしょう。公営住宅を探すとか、福祉の窓口に
相談するとか、やってみたの？　できることからやるべきなん
じゃないの。

Ｙ　氏：……。

立原㋐：具体的にいつ、この物件に引っ越すという話をもらえれば、Ｘ
さんに話をして検討してもらいます。次回期日まで時間がない
ので、坂口先生とＹさんで連絡をとり合いながら早く動いてい

ただき、その進捗を坂口先生より連絡してもらえますか。

坂口㊙：わかりました。

2　検討──連帯保証人の役割

〈*Case* ③〉のように、連帯保証人と貸主とは、未払賃料請求の相手方という面では利害が対立するが、借主の早期退去によって損害が最小化されるという面では利害が共通する。また、貸主に対しては全く不誠実な借主であっても、連帯保証人に迷惑をかけることは避けたいという気持をもっていることもある。よって、連帯保証人は単に債権回収の担保としてだけではなく、明渡し実現のためにも極めて重要な役割を果たすことになる。

〈*Case* ③〉では、ZはYに引越資金を援助すると申し出ている。Zとすれば、Yの賃料不払いゆえにXから未払賃料を請求されたうえ、さらにYに対して返ってくるあてのない金銭を貸し付けるというのは、決して本意ではないだろう。しかし、Yが居住を続ける限り継続して1カ月10万円以上の債務が発生する以上、ある程度の出費をしてでもYを退去させたほうが合理的といえるだろう。

VII
第2回期日

令和4年10月22日、第2回期日が開かれた。期日間に坂口弁護士からの連絡はなく、立原弁護士から連絡するも常に不在であった。期日では以下のようなやりとりがなされた。

坂口㊙：期日間にZさんと話をし、Zさんが引越代を工面するということで、12月15日頃までに引越しをするということになりました。ただ、和解をするにおいては、念のため明渡期日を年末までみてもらいたいと思います。また、明渡期日を守った場合には、

　　　　Ｚさんについては債務を免除してほしいというのがこちらの条
　　　　件です。

Ｙ　氏：私は認めるしかありません。Ｚさんが引越代を出してくれるな
　　　　ら、12月末までに必ず引っ越します。

裁判官：原告の意向はどうですか。

立原⑪：Ｚさんの債務を免除するということは難しいですね。

坂口⑪：引越し関連費用で50万円近くかかりますから、債務を免除して
　　　　もらえないとなると、それを払うことも難しくなりますよ。こ
　　　　の50万円も、Ｚさんは人に借りて工面するのですから。本当に
　　　　お金がないんです。

立原⑪：心情としてはわからなくもありませんが、保証人は賃貸借によ
　　　　り生じるすべての債務を保証していますから、「資力がないか
　　　　らそこまでで勘弁してほしい」と言われて「そうですか」とい
　　　　うわけにはいきません。

坂口⑪：まあそれはそうだ。今の収入や資産について、説明できる資料
　　　　を出しますよ。

立原⑪：それでは、それを拝見してＺさんの債務を免除するかを判断し
　　　　たいと思います。

裁判官：わかりました。それでは、期日間に代理人間でやりとりをして
　　　　いただき、10日後に一度和解期日を指定します。Ｙさんは、未
　　　　払いの賃料はいつ払えますか。

Ｙ　氏：なるべく早く払いますが、いつとお約束できる状態ではありま
　　　　せん。

裁判官：和解をする以上は、支払期日を定めなければなりませんよ。よ
　　　　く考えて、原告代理人に連絡してください。

期日後、坂口弁護士から立原弁護士に対し、Ｚの所得証明書、現住所の賃

貸借契約書等の資料が送付されてきた。立原弁護士はＸと方針を協議した。

> Ｘ　氏：これをみると、確かにＺさんは収入も少ないし、持家ではない
> 　　　　し、強制的に回収するといっても難しそうですね。
> 立原㋭：これだけをみればそうですね。収入も親族がやっている会社か
> 　　　　ら得ているようですから、強制執行を逃れることも難しくはな
> 　　　　いでしょう。ただ、実際に全く資産がないかといえば疑問です。
> 　　　　本当に資産がなければ差押えを心配することもないですから、
> 　　　　残債を免除してもらうことにこだわる必要もないように思いま
> 　　　　す。もちろん、債務が残ることは気分はよくないでしょうが。
> Ｘ　氏：なるほど、そういう見方もありますね。
> 立原㋭：ただ、Ｙさんをみていると、Ｚさんがリードしない限り自発的
> 　　　　に引っ越すということは期待できないように思います。和解せ
> 　　　　ずに判決をもらって、引き延ばしで控訴されて、やっと判決が
> 　　　　確定して強制執行する。そこまででもだいぶ時間と費用がかか
> 　　　　ってしまいます。その間の賃料や執行費用をＹさん、Ｚさんに
> 　　　　請求できるといっても、差し押さえる財産がみつからないと絵
> 　　　　に描いた餅ですから、そのリスクは考えなければいけませんね。
> Ｘ　氏：そうですね。個人的にはＺさんが気の毒だという気持もありま
> 　　　　すし、Ｙさんに早く出てもらうためにも、年末でＹさんがきち
> 　　　　んと明け渡したときは、Ｚさんの債務は免除するということで
> 　　　　和解してください。
> 立原㋭：わかりました。

VIII
第3回期日（和解成立）

打合せ後、立原弁護士は和解条項案を作成し、期日間に被告らおよび裁判

所書記官と文言の調整を行った。残債の支払期日については、Yからは具体的な提案もなかったため、履行の可能性はともかく、明渡しにあわせて12月末日とした。第3回期日において、訴訟上の和解が成立した（【書式3-3】）。

IX
明渡完了

令和4年12月20日、Yは退去を完了した。しかし、案の定というべきか、滞納賃料は全く支払われなかった。立原弁護士はYの転居先を把握し、今後も債権回収の機会をうかがうこととした。

【書式3-3】　賃料滞納中の賃借人および連帯保証人との和解条項（〈*Case ③*〉）

和　解　条　項

1　被告らは、原告に対し、別紙物件目録（略）記載1の建物（以下「本件建物」という）についての賃貸借契約および別紙物件目録記載2の駐車場（以下「本件駐車場」という）についての賃貸借契約が、いずれも、令和4年8月31日、被告らの賃料不払による解除により終了したことを確認する。

2　原告は、被告Yに対し、本件建物および本件駐車場の明渡しを、令和4年12月31日まで猶予する。

3　被告らは、原告に対し、本件建物の未払賃料として金46万9750円、および本件建物の賃料相当損害金として、令和4年9月1日から本件建物の明渡済みまで、1か月あたり金10万3000円を支払う義務のあることを認める。

4　被告らは、原告に対し、連帯して、前項の金員のうち、未払賃料および令和4年12月31日までの賃料相当損害金として88万1750円を、同日限り、持参または送金の方法により支払う。

5　被告Yは、原告に対し、本件駐車場の未払賃料として金10万5000円および本件駐車場の賃料相当損害金として、令和4年9月1日から本件駐車場の明渡済みまで、1か月あたり金2万6250円を支払う義務のあることを認める。

6　被告Yは、原告に対し、前項の金員のうち、未払賃料および令和4年12月

31日までの賃料相当損害金として21万円を、同日限り、持参または送金の方法により支払う。

7　被告Yは、原告に対し、令和4年12月31日限り、本件建物および本件駐車場を明け渡す。

8　被告Yが前項の本件建物の明渡しを遅滞したときは、被告らは、原告に対し、連帯して、令和5年1月1日から本件建物の明渡済みまで1か月あたり10万3000円の割合による金員を、持参または送金の方法により支払う。

9　被告Yが第7項の本件駐車場の明渡しを遅滞したときは、被告Yは、原告に対し、令和5年1月1日から本件駐車場の明渡済みまで1か月あたり2万6250円の割合による金員を、持参または送金の方法により支払う。

10　被告Yが原告に対し第7項の期日までに本件建物および本件駐車場を明け渡したときは、原告は、被告Zに対し、第3項および第5項の未払賃料および賃料相当損害金の支払義務を免除する。

11　被告Yは、本件建物を明け渡すにあたり、本件建物内の一切の動産を撤去するものとし、万一本件建物内に動産を残置した場合は、当該動産の所有権を放棄し、原告が自由に処分することに異議を述べない。

12　原告はその余の請求を放棄する。

13　本和解条項に定めるほか、原告と被告らの間に何らの債権債務がないことを相互に確認する。

14　訴訟費用は各自の負担とする。

物件目録は125頁を参照のこと。

🍀コラム　「無資力の抗弁」とどうつき合うか

　債権者を代理して債権回収を行っていると、債務者が自身の無資力を理由として債務の支払いを拒否したり、債務の免除を求めたりすることが頻繁にあります。〈*Case* ③〉におけるZのように、一定の支払いをすれば残債を免除することを要求するという場合もあれば、単に「無い袖は振れない」と居直る場合もあります。

　これらが俗にいう「無資力の抗弁」です。いうまでもなく、これは法的には「抗弁」でも何でもありませんが、滞納賃料との闘いは「無資力の抗弁」との闘いであるといっても過言ではありません。

　「無資力の抗弁」が主張される事案の中には、本当に資力がなく、破産を申し立てようにもその費用すらないという場合もあるでしょうし、資産を隠匿している事例も少なからずあるでしょう。

　法は「無資力の抗弁」に対して何も手立てをしていないわけではありませんが、以下のとおり、債権者にとって実務的に十分な対抗策が用意されているとはいえません。

① 財産開示手続

　まず、債務名義（ただし公正証書を除く）を取得している債権者であれば、「財産開示手続」を申し立てることができます（民執196〜203条）。これは平成16年4月1日に導入された制度で、債務者に自身が保有している財産を開示することを強制するという、画期的な制度です。

　しかし、財産開示手続は、実際に債務者が出頭して財産を開示する割合が低く、実効性に乏しいとの批判がなされてきました。実際、申立件数は年々減少しており、令和元年の新受件数は全国で577件でした。

　ところが、令和2年には一転して新受件数は3930件にまで増加しました。これは、令和2年4月1日施行の改正民事執行法により、債務者の不出頭に対するペナルティとして懲役刑および罰金が設けられたこと（従来は過料のみ）、財産開示手続が不奏功であった場合、債務者の有する不動産、給与債権等に関する情報を第三者から取得する手続が新設されたこと（後述）の影響と考えられます。

　ただし、懲役刑の新設については、実際にどの程度の割合で刑事罰が科されるのかということが問題になるでしょう。なお、筆者は改正後に債務者の不出頭を経験していますが、実際に刑事罰が科されたという話は聞き及びません。

② 民事執行法に基づく財産調査

　令和2年4月1日施行の改正民事執行法により、債務者の保有する不動産、給与・年金等の債権、預貯金について、債権者が探知できる制度が新設されました（民執204〜211条）。

　ただし、いずれも債権者が債務名義を有していることが必要であり、さらに不動産、給与・年金等の債権については前述のとおり財産開示手続の前置が必要です。

　また、不動産については、精度が完璧ではないものの名寄せができる

民間のサービスが従前からありましたし、保有不動産があるのに借家契約を締結し、かつ賃料を長期滞納するケースは稀でしょう。また、預貯金については法改正前から多くの金融機関が弁護士会照会に対応していました。給与・年金等の債権調査は非常に強力・有効な手段と思われますが、利用できる場面が扶養料等の回収の場合に限定されており、滞納賃料の場合には残念ながら対象となりません。よって、少なくとも滞納賃料の回収という場面についていえば、今回の改正の意義は限定的なものではないかと考えています。

③ 破産申立て

　その他の対抗措置としては、債権者として債務者の破産を申し立てるということが考えられます。

　しかし、これには債権者側で裁判所に予納金を納付する必要があり、かつその金額が自己破産の場合に比べて高額になることが多いという問題があります。東京地方裁判所を例にとれば、自己破産の場合には法人、代表者あわせて20万円という低額の予納金で破産申立てが可能であるのに対し（大規模な事件は除く）、債権者申立ての場合は、負債額に連動して予納金が変動し、その最低額は法人で70万円、個人で50万円とされています。債権者破産を申し立て、破産手続開始決定がなされ破産管財人が財産を調査した結果、結局債務者には全く資産がなかったとすれば、申立債権者は予納金の分だけ傷口を広げる結果になってしまいます。

　また、債権者の側で破産原因の存在を明らかにする必要があり、「債務者が無資力の抗弁を理由に支払いに応じない」というだけで破産手続開始決定を得られるものでもないという問題もあります。

④ 強制執行妨害罪

　刑法96条の2は、強制執行を免れる目的で、財産を隠匿し、損壊し、もしくはその譲渡を仮装し、または債務の負担を仮装する等の行為を強制執行妨害目的財産損壊等の罪とし、法定刑として3年以下の懲役もしくは250万円以下の罰金を定めています。そこで、債権者としては、債務者が悪質な財産隠しをしていることが判明した場合等は、刑事告訴によって圧力をかけ、心理的に弁済を強制することが考えられます。

　しかし、同罪について必ずしも積極的な取締りがなされているとはいえません。同罪に関する検察庁の終局処理件数をみると、平成元年から

平成19年までの終局処理件数はわずか560件（年間平均29.5件）、うち起訴件数はわずか147件（年間平均7.8件）となっています（石塚伸一「強制執行妨害罪の研究〜刑事立法政策学的一考察〜」龍谷法学42巻3号1020頁）。

　直近の数字を見ても、検察統計によれば、令和2年の強制執行妨害目的財産損壊等の起訴件数は14件にとどまっています。これだけ「無資力の抗弁」が横行する社会の中で、日本全国をみまわしてもこのような起訴件数では、同罪による弁済の心理的強制力は皆無に等しいといわざるを得ないのではないでしょうか。

　近年、日本においても個人の権利意識が高まっているといわれます。多くの国民が「権利は当然に実現されるべきもの」と考えているとすれば、「無資力の抗弁」が横行し逃げ得が許容されている現状は痛烈な批判を免れないのではないでしょうか。

　ところが、債権回収の現場においては、いまだに債権回収を容易にするための手段が講じられていないばかりか、近時は個人情報保護に対する意識の高まりと多くの誤解によって、債務者の財産を探知することは従前以上に困難となっているように感じます。

　財産開示手続のような債務者の善意に頼るような制度ではなく、債務名義を有する債権者からの照会を緩やかに認めるなど、実効性のある制度が確立されることを願ってやみません。

第4章 用法遵守義務違反──建物明渡断行の仮処分、強制執行

Ⅰ 事案の概要

─〈*Case* ④〉─

　Xは都内でも有数の繁華街にある分譲マンションの一室を所有し、これをYに賃貸している。

　当該マンションは居住用物件であり、XとYの賃貸借契約においても、契約の目的を住居としての使用に限定する旨の条項がある。

　ところが、マンションの管理会社よりXに対し、「Yは当該物件で性的サービスを提供しているようである」との連絡があった。Xは、Yとの賃貸借契約を解除し、一刻も早くYに退去してほしいと考えている。

Ⅱ 実務上のポイント

〈*Case* ④〉における実務上のポイントは、以下の3点である。

① 用法遵守義務違反の立証方法

② 明渡断行仮処分の活用

③ 建物明渡しの強制執行手続

Ⅲ
初回相談

1　相談時のやりとり

X　氏：はじめまして、Xといいます。よろしくお願いいたします。早速ですが、私は中央区の○○に１LDKのマンションの一室を所有しています。10年前に投資用に買ったものです。前の入居者が退去して、またすぐ借り手が決まり、３カ月前にYという人にこの部屋を貸しました。これがその時の契約書です。

立原㊛：ちょっと拝見します。なるほど、期間２年の普通借家契約、賃料は月額25万円ですね。さすがにこのあたりだと賃料が高くてもすぐに借り手がつくのですね。

X　氏：はい。でも困ったことがありまして……。先月、管理会社から私に電話があったのです。近隣のお部屋の方から、私の部屋に頻繁にいろいろな男性が出入りしている、夜になると、ちょっと言いづらいのですが……毎晩のようにおかしな声が聞こえてくると。

立原㊛：端的にいうと、風俗店として使われているのではないかということですか。

X　氏：はい。契約書では住居以外の目的で使ってはならないと書いてありますから、契約違反だと思います。私も管理会社から、「住居以外の目的で部屋を使ってもらっては困る、すぐに何とかしてほしい」と言われ、弱っています。

立原㊛：確かに、賃貸借契約書には書いてありますね。「乙は、本物件を住居として使用するものとし、他の目的に使用してはならない」と。この場合には無催告で解除できるとも書いてあります

　　　　ね。おそらく、マンションの管理規約でも住居以外の使用は禁
　　　　止されているのではないでしょうか。管理規約はお持ちですか。
　　　　……やはりそうですね。これは国土交通省が公開している標準
　　　　管理規約に準拠したものです。第12条に、「区分所有者は、そ
　　　　の専有部分を専ら住宅として使用するものとし、他の用途に供
　　　　してはならない」と定められています。

X　氏：はい。それで管理会社に「何とかしてほしいと言われてもどう
　　　　したらいいのか」と聞いたら、「Xさんの問題だから、管理組
　　　　合や管理会社は何もできないが、弁護士を紹介する」とのこと
　　　　で、A弁護士を紹介されました。

立原㊛：それで、何かアドバイスを得られましたか。

X　氏：A弁護士に相談に行ったのですが、なんだかすごく大変そうで、
　　　　時間がかかるようなことを言われてしまいました。確か、まず
　　　　占有移転禁止の仮処分という手続をして、その後で裁判をやる
　　　　と。明渡しまで1年くらいかかるよ、とも言われました。

立原㊛：通常訴訟をすればそうなってしまうかもしれませんが、ほかに
　　　　もやり方はあるように思います。その点は後で相談するとして、
　　　　Yさんがこの場所で風俗店を営んでいるということをどうやっ
　　　　て立証するかという問題がありますね。何か調べられています
　　　　か。

X　氏：はい。インターネットでこのマンションの名前で検索したら、
　　　　掲示板の書き込みが出てきたんです。それがこれです。

立原㊛：拝見します。○○という店のホームページを見て、○○駅から
　　　　電話をしたら、○○マンションの403号室に案内されたと。ホ
　　　　ームページには「マッサージ」と書いてあるが、実際には性的
　　　　サービスがあったという趣旨ですね。確かに、ホームページも
　　　　普通のマッサージ店の雰囲気ではないですね。

X　氏：はい。でも、A弁護士から「掲示板の書き込みでは証拠になら
　　　　ないよ」と言われてしまいました。それで、A弁護士のアドバ
　　　　イスに従い、調査会社に依頼して調査報告書をつくってもらい
　　　　ました。実際に、掲示板に書かれていた店のホームページの電
　　　　話番号に電話し、部屋に案内され、サービスを受けた様子が結
　　　　構詳しく書いてあります。

立原㋪：これは結構よくできていますね。

X　氏：それで、A弁護士にアドバイスいただいた文面で、私からYさ
　　　　んに手紙を出しました。Yさんが賃借物件で性的サービスを提
　　　　供している、1週間以内にその営業をやめて私に報告しなけれ
　　　　ば、契約を解除するという内容です。しかし、1週間経っても
　　　　何の返事もなく、かといって裁判で1年もかかるのは困るので、
　　　　どうしたらいいかと思い相談に来ました。

立原㋪：なるほど、ご事情はよくわかりました。裁判所で手続をとった
　　　　ほうがよいと思いますが、訴訟では時間がかかってしまいます。
　　　　本件の事情ならば、明渡断行の仮処分を使えば、かなり時間を
　　　　短縮できると思います。

X　氏：早く終わる方法があるなら、ぜひお願いします。ところで、裁
　　　　判所でYさんは「性的サービスはしていない」とか、「経営し
　　　　ているのは自分じゃない」とか言い出さないでしょうか。

立原㋪：その可能性はありますね。ただ、Yさんとしては、自分が性的
　　　　サービスを提供していることを否定して明渡しを拒否した場合、
　　　　こちらが警察に情報提供して捜査を求めることを最も恐れると
　　　　思いますから、ことを荒立てる前に素直に明け渡す可能性もあ
　　　　ると思います。おそらくは別の部屋を借りて同じことを繰り返
　　　　すのでしょうが……。また、もし店を経営しているのがYさん
　　　　でないとすれば、無断転貸ですから、いずれにせよ明渡しを免

れることはできません。

X　氏：なるほど。ところで、「マッサージはしているが、性的サービスはしていない」と主張された場合はどうでしょうか。どちらにせよ契約違反だから、明渡しは全く心配ありませんか。

立原㋫：一概にそうともいえないですね。形式的には用法遵守義務違反でも、悪質性や実害があまりない場合には、明渡しが認められないケースもあります。たとえばYさん自身がそこに住んでいて、時々マッサージのお客さんも来る程度なら、明渡しが認められないこともあり得ます。本件ではホームページを見る限りそうはみえませんが。ただし、仮処分はハードルが高いですから、やはり、性的サービスを提供しているという点は決め手になると思います。まずは私からYさんに電話をしてみますが、話が進まなければ速やかに仮処分を申し立てましょう。

X　氏：わかりました。それではお願いします。

打合せ後、立原弁護士は早速Yに電話をしたが、Yは応答せず、留守番電話に折り返しの電話を求める伝言を残しても連絡はなかった。そこで、立原弁護士は仮処分申立書を起案した（【書式4-1】）。

【書式4-1】　建物明渡断行仮処分申立書（〈*Case* ④〉）

建物明渡断行仮処分申立書

令和3年5月24日

東京地方裁判所民事第9部　御中

債権者代理人弁護士　立　原　道　夫

当事者の表示　　　　　　　別紙当事者目録（略）記載のとおり
仮処分により保全すべき権利　所有権に基づく建物明渡請求権

申立の趣旨

債務者は、債権者に対し、別紙物件目録記載の建物を仮に明け渡せ
との裁判を求める。

申立の理由

第1　被保全権利
1　債権者の本件建物所有
　債権者は、別紙物件目録記載の建物（以下「本物件」という）を所有してい
る（甲1）。
2　債務者との賃貸借契約の終了
　⑴　賃貸借契約の締結
　　債権者は、令和3年3月14日、債務者に対し、本物件を、賃料月額25万円、
　契約期間令和3年3月15日から令和5年3月14日まで、使用の目的について、
　債務者は「本物件を住居として使用するものとし、他の目的に使用してはな
　らない」との約定で貸し渡した（甲2。以下「本件賃貸借契約」という）。
　⑵　債務者の用法遵守義務違反
　　債務者は、上記約定にもかかわらず、本物件において、営利を目的として、
　不特定多数の男性客を相手とした性的サービスを提供していることが判明し
　た。その経緯は以下のとおりである。
　　債権者は、本物件の管理会社より、「近隣住民から、本物件に不特定多数
　の男性が出入りしており、深夜に卑猥な大声が聞こえることがある」との連
　絡を受けた。また、インターネット上でも、○○というマッサージ店を謳う
　事業者に電話をしたところ、本物件に案内され、性的サービスを受けたとの
　書き込みがあった（甲3）。
　　これらの情報をもとに、債権者は○×調査株式会社に実態の調査を依頼し
　たところ、前記インターネット上の書き込みと同様、○○というマッサージ
　店を謳う事業者のホームページ（http://www.xxxxx.com）（甲4）に記載さ
　れた電話番号（090-○○○○-○○○○）に電話をしたところ、本物件に案
　内され、性的サービスを提供されたとの報告を受けた（甲4）。

(3) 賃貸借契約の解除

　債権者は、令和3年5月1日、債務者に対し、債務者が本物件内で性的サービスを提供する事業を営んでいることを指摘し、通知受領後1週間以内にその営業をやめて債権者に報告しなければ、改めて通知することなくして契約を解除する旨を通知した（甲5の1）。

　債務者は同通知を翌5月2日に受領したが（甲5の2）、債権者に対し何らの連絡をしなかった。

　以上、本件賃貸借契約は平成25年5月9日、解除により終了した。

　現在も債権者は本物件の占有を続けており、性的サービスの提供を継続しているとみられる。

第2　保全の必要性

1　債務者の営業は風営法に違反する犯罪行為であること

　前記の債務者の事業は、風営法第2条第6項第2号に定める店舗型性風俗特殊営業に該当する。しかし、本物件の所在地において当該営業を行うことは禁止されている（風俗営業等の規制及び業務の適正化等に関する法律施行条例第10条）。

　よって、債務者は、本件賃貸借契約に定められた用法を順守していないのみならず、風営法に違反し、営業禁止地域において、無届で店舗型性風俗特殊営業を行っていることになる。

　債権者は、かかる債務者の行為について捜査機関に報告し、然るべき対処を求めることを検討しているが、債務者は営業の主体や営業場所を公にしていないため、捜査の進捗には一定の時間を要するものと懸念される。通常訴訟における判決確定まで本物件の明け渡しを待ち、債務者に営業を継続させることは、債務者に重大な犯罪行為を継続することを許す結果となるから、早期に債務者の占有を解く必要がある。

2　債務者の営業が続けば、債権者は管理組合から自己の責任を追及されること

　本物件は区分所有建物である「○○マンション」の一区画である。○○マンションでは、管理規約第12条において、「区分所有者は、その専有部分を専ら住宅として使用するものとし、他の用途に供してはならない」と規定している（甲6）。

　債務者が本物件において営業を行えば、管理組合との関係においては、債権者が管理規約に違反することになる。

　区分所有法第59条は、「区分所有者の共同生活上の障害が著しく、他の方法によつてはその障害を除去して共用部分の利用の確保その他の区分所有者の共同生活の維持を図ることが困難であるとき」には、管理組合が主体となって区分所有権の競売申立をなすことを認めている。よって、債務者の営業が継続されれば、債権者は本物件の所有権を失うおそれすらある。

　また、競売申立に至る前の段階でも、管理組合からの損害賠償請求等の可能性が有り得る。○○マンションには合計200世帯の住民がおり、債務者の営業はこれら住民の生活の平穏を害する行為であり、断じて許されるものではない。

3　債務者自身が違法性を認識しながら営業を行っていること

　債務者は、債権者からの通知（甲5）を受領してから2週間以上が経った現在も、なんら債権者に対し応答していない。

　また、債務者がホームページにおいて本物件の所在地を明かさず、連絡先も携帯電話の番号を用いていること等からすれば、債務者は、自身の営業が本件賃貸借契約にも風営法にも違反することを十分に認識しているものと考えられる。

　かかる債務者に対し、通常訴訟における手続保障を与える必要があるとは考え難い。

第3　結語

　よって、債権者は、申立の趣旨記載の裁判を求め、本申立に及ぶ。

証拠方法

別添証拠説明書のとおり

附属書類

1	訴訟委任状	2通
2	甲号証	各1通
3	不動産登記簿謄本	1通

以上

物件目録

（一棟の建物の表示）

所在　　　東京都中央区○○4丁目38番5

種類　　　居宅

名称　　　○○マンション

構造　　　鉄筋コンクリート造陸屋根13階建

床面積　　　1階　1205.87m^2

　　　　　　2階　1185.47m^2

　　　　　　3階　1185.47m^2

　　　　　　4階　1185.47m^2

　　　　　　5階　1185.47m^2

　　　　　　6階　1185.47m^2

　　　　　　7階　1185.47m^2

　　　　　　8階　1185.47m^2

　　　　　　9階　1185.47m^2

　　　　　10階　1185.47m^2

　　　　　11階　1185.47m^2

　　　　　12階　1185.47m^2

　　　　　13階　802.85m^2

（専有部分の建物の表示）

家屋番号　　　○○4丁目38番5の403

建物の名称　403

種類　　　　　居宅

床面積　　　　4階部分　40.83m^2

2　検討──用法遵守義務違反の場合の基本方針

⑴　*Point 1*──用法遵守義務違反と解除

　近時では、大半の建物賃貸借契約書において建物の使用目的が明示されているものと思われる。また、借主が当該使用目的に違反した場合、貸主は賃

貸借契約を解除できるとの条項もあわせて定められていることが一般的であり、この場合には無催告解除を認める条項となっていることも多い。

　もっとも、かような契約書の定めがあったとしても、用法遵守義務違反によって直ちに契約解除が認められるわけではない。多くの事例において、賃借人は用法遵守義務違反の事実自体は認めながら信頼関係が破壊されていないとの抗弁を主張し、これが認められた事例もある。

　裁判例をみると、当該用法遵守義務違反によって貸主側がどのような不利益を被るか、借主側が用法遵守義務違反に及んだ事情はどのようなものであったかを考慮し、信頼関係破壊の有無が検討されている。

　たとえば、東京地判平成3・12・19判時1434号87頁は、賃貸建物を活版印刷の工場兼事務所として使用する旨の定めがあったところ、借主が写真印刷の作業所兼事務所として使用したという事案である。裁判所は、「写真印刷の製版作業は、活版印刷作業と比較し、静かで清潔な作業であり、本件建物を製版の作業場として使用すること自体が直ちに原告らに対し、不都合、不利益をもたらすとはいえない」、「被告が写真印刷への転換をした平成元年12月当時、活版印刷から写真印刷への転換は印刷業界の趨勢になっていた」との理由から、信頼関係を破壊しない特段の事情があると認め、貸主からの明渡請求を認めなかった。

　他方、東京地判平成3・7・9判時1412号118頁は、マリンスポーツ店の事務所、店舗に使用するという定めがあったにもかかわらず、借主が女性に接客させ飲食を提供するクラブとして使用した事案で、信頼関係は破壊されているとして明渡しを認めた。

　〈*Case* ④〉のように賃貸物件が居住用マンションの一室である場合、マンションの管理規約上も住宅以外の目的での使用は禁止されている。すなわち、これを営業用に使用されると、所有者は管理組合からその責任を追及されるという明確な不都合・不利益がある。よって、用法遵守義務違反による解除は比較的認められやすいと考えられる。もっとも、賃貸物件をもっぱら営業

に用いるのではなく、賃借人自身が居住しながら習いごとの教室等の営利活動をしているような場合には、その頻度や近隣への影響の程度に基づき信頼関係破壊の有無を検討する必要があると思われる。

⑵ *Point 2*——用法遵守義務違反の立証方法

賃借人が公然と営業をしている場合であればよいが、〈*Case* ④〉のように借主が営業場所や実際の営業内容を秘している場合、用法遵守義務違反をどのように立証するかが問題となる。

通常、用法遵守義務違反が発覚するには何らかの端緒があるはずであるが、それが直接の立証手段に結びつかない場合も多い。

従来は、ビラ・チラシの配布等で営業の事実が発覚することが多かったようであるが、現在ではインターネット上で何らかの広告がなされることが多く、また、〈*Case* ④〉のように、店名や住所等で検索した結果、顧客の書き込みがヒットすることも少なくない。

ただし、店の公式ホームページで住所が明記されているならばともかく、匿名によるインターネット掲示板への書き込みのみで用法遵守義務違反の立証とするのは困難と思われる。〈*Case* ④〉のように、インターネット上の書き込みから目星をつけ、裏付け調査をすることも有意義だろう。

もっとも、借主が当該物件で営業している事実を否認する例は案外少ないようにも思われる。貸主が賃貸借契約の解除を検討せざるを得ないような深刻なケースでは、借主はもとより営業する目的で賃貸借契約を締結していることが通常であるところ、営業の事実を否認しながら営業を継続するのは一般的に困難であり、借主としては今後の営業ができないとすればあえて賃貸借契約を継続する実益がないからである。

また、〈*Case* ④〉のように秘密裏で営業できるような業態の場合、一般的な店舗と比べれば初期費用の負担は小さいため、借主としては「家主に発覚するまでは営業し、発覚すれば次に移る」という程度の意識で契約している場合も多いのではないだろうか。

⑶ ***Point 3***──建物明渡断行仮処分の検討

〈*Case* ④〉のように、契約違反が悪質であり、借主の占有を長期間許すことができない場合、建物明渡断行の仮処分によって占有を回復できないか検討すべきである。

第1編第1章において無権原の占有者について述べたのと同様、悪質性の高い占有者が相手である場合、占有移転禁止の仮処分を得てから本訴を提起するという対応がとられることが多いように思われる。しかし、占有移転禁止の仮処分によっては占有を回復することはできない。訴訟提起によって明渡しを得る場合、それまでに相当の時間を要するうえ、悪質な占有者から賃料相当損害金を回収することは一般に困難である。

もっとも、建物明渡断行の仮処分に対する認識は、裁判官によりかなり差が大きいように思われる。筆者の経験では、ある地方の裁判所にかかる申立てをした場合、「そのような仮処分の類型があるのか」と尋ねられたことがあるので、その必要性について十分な説明ができるよう準備しておかなければならない。また、いわゆる満足的仮処分全般に対して非常に慎重な姿勢をとる裁判官も少なくないことを念頭におく必要がある。場合によっては、占有移転禁止の仮処分に切り替え、本訴を提起するという次善策をとらざるを得ない場合もあるだろう（なお、占有移転禁止の仮処分に関する実務については、野村創『事例に学ぶ保全・執行入門』172～182頁に充実した記載があるので、そちらを参照されたい）。

3 検討──仮処分申立書の作成方法

⑴ ***Point 1***──簡潔、簡明な記載を心がける

迅速を旨とする仮処分制度の運営上、裁判官は十分に記録を検討する時間のないまま債権者面接に臨むことが多い。

そこで、債権者代理人が第1に心がけるべきことは、裁判官が事案の概要を一読了解できるよう、申立書の内容を簡潔・簡明なものとすることであろ

う。要件事実だけを記載した書面では実態が伝わらず、反対に10頁以上にも及ぶような申立書では全体像の把握が難しい。どうしてもある程度の分量を書かざるを得ない場合には項目立てを工夫するなどして、端的にいえば「流し読みしやすい書面」にすることが肝要ではないかと思われる。

⑵ *Point 2*——疎明資料の選別

疎明資料についても、通常訴訟と比較すれば厳選することが望ましいといえる。特に、建物明渡断行仮処分は仮の地位を定める仮処分の一種であり、債務者審尋の必要があるため、債務者が認めるであろう事実関係に関する疎明資料は最小限でもよいともいえる。

ただし、〈*Case* ④〉のように債務者が出頭しない可能性も相当程度あると考えられる場合には、申立段階で証拠が不足していると発令が遅れる可能性があるため、当初からひととおりの疎明資料を提出するほうが得策ではないだろうか。

IV
債権者面接

1 裁判官とのやりとり

立原弁護士は、東京地方裁判所民事第9部（保全部）に仮処分申立書を提出し、その場で債権者面接の予約をし、その日の午後に債権者面接を行った。

> 裁判官：本件を担当します、裁判官の田中です。よろしくお願いいたします。記録はまだ十分に読めていないのですが、建物明渡断行の仮処分を求めるということですね。
>
> 立原㊀：はい。
>
> 裁判官：まず被保全権利に関してですが、債務者が性的サービスを提供していることの疎明資料は、インターネットの書き込みと、調査会社の報告書のみということですね。これだけで契約違反が

あったと評価するかは、少し悩ましいですね。ただ、これ以上にどうやって立証するかといえば、確かに難しいですね。

立原㊨：そうですね。いずれにせよ双方審尋と理解していますので、債務者の言い分も踏まえて判断いただければと思います。

裁判官：債務者は出てきますかね。

立原㊨：こればかりはわかりません。ただ、債権者からの通知は配達証明付きの内容証明郵便で送り、翌日には受領されましたので、呼出状は受領されると思います。

裁判官：そうですか。もし債務者が来なければ、来なかったという事実も考慮して判断しますかね。保全の必要性について、おっしゃるご事情はわかりますが、正直あまり経験のないことなので他の例もみて検討しておきます。仮に決定を出す場合、明渡断行ですと、担保金は少し高めになるかもしれませんが大丈夫ですか。

立原㊨：はい、もちろん金額次第ではありますが、債権者にもある程度説明してありますので、おそらくは問題ないかと思います。

裁判官：もし債務者が来た場合、和解による解決も考えられますか。

立原㊨：はい。明渡しという結論は変えようがありませんが、明渡しの時期については協議したいと思います。

裁判官：わかりました。では、債務者を呼び出すことにしますので、同じ機会に債権者代理人も出頭してください。

　以上の次第で、保全部から債務者に呼出状を送付することとなり、双方審尋の期日は10日後に設定された。

2 検討——債権者面接での確認事項

⑴ *Point 1*——保全手続の予備知識

　東京地方裁判所を管轄とする民事保全事件については、本案事件が行政事件、商事事件、労働事件、知的財産事件といった特殊事件である場合を除き、保全事件の専門部である民事第9部が担当する。

　申立てにあたっては、民事第9部のウェブサイト〈http://www.courts.go.jp/tokyo/saiban/minzi section09/index.html〉を事前に確認しておくとよい。

　また、東京地方裁判所の民事第9部においては、裁判官は東京地裁保全研究会の編集による『書式　民事保全の実務』（最新版は、松本利幸＝古谷健二郎編『書式　民事保全の実務〔全訂六版〕』）を机上に備えており、同書に基づいた記載を求められることが多いため、同裁判所で仮処分の申立てをする場合には同書は必携である。

⑵ *Point 2*——債権者面接までの流れ

　東京地方裁判所においては、民事第9部の窓口に申立書、疎明資料、印紙、郵券、付属書類等を提出し、債権者面接の予約を行う。窓口の混雑状況は日によってかなり異なるが、当日面接を希望する場合には午前中の早い段階に申立てを行うべきである。他の裁判所についても、あらかじめ裁判所に電話し、手続の流れを確認しておくとよい。

⑶ *Point 3*——担保金の準備

　東京地方裁判所において保全決定を得る場合、裁判官から担保金の金額を内示され、法務局にこれを供託し、供託証原本その他発令に必要な書類を保全部の窓口に持参するというのが基本的な流れとなる（供託の方法による場合）。午前11時までにこれらの書類を持参すれば同日の午後4時に発令となり、それ以降の場合は翌日午後4時の発令となる。

　よって、特に担保金が高額になることが予想される場合は、申立ての段階であらかじめ依頼者に担保金の予想額を伝え、手元に資金を用意してもらう

とよい。当然ながら、予想額よりもある程度余裕をみて多めに用意しておくことが望ましい。

　建物明渡断行仮処分の場合、担保金の目安として、賃料の24カ月分以上という基準が示されている（司法研修所編『民事弁護教材　民事保全〔改訂版〕』30頁）。もっとも、この金額はあくまで目安であるところ、特に建物明渡断行仮処分は件数が多くはなく、仮差押え等と定型的な仮処分事件と比べ個別事情が強く働く事案が多いため、金額にはかなりの増減があり得るだろう。

　この基準によれば、〈*Case* ④〉の場合では、600万円以上の担保金が必要ということになる。さらに明渡しのために強制執行を行う場合には、その予納金も必要となることから、債権者の経済的負担は決して小さくないことに留意する必要がある。

Ⅴ 双方審尋

1　裁判所でのやりとり

　その後、相変わらずＹからの連絡がないまま審尋期日を迎えた。

　立原弁護士が民事第９部の待合室で待っていると、気弱そうな１人の男が足音も立てず待合室に入室し、立原弁護士から最も遠い席に着いた。スーツを着てはいるが、その手には「東京地方裁判所」と書かれた茶封筒が強く握りしめられており、彼が弁護士でないことは一見してわかる。「彼がＹだろうか。違うだろう、やはりＹは不出頭か。不出頭でも裁判官は今日決定を出してくれるだろうか」そんな思いをめぐらせていると、「立原弁護士、Ｙさん、裁判官室３番のテーブルにお越しください」というアナウンスが流れた。立原弁護士は先ほどの男が力なく立ち上がるのを見て、少し意外な印象を受けた。

　裁判官室に入室し、裁判官の机の前に並んで座る。Ｙが両手をさらに強く握りしめたのがわかる。

裁判官：Yさんですね。申立書は読んでいただいていますか。

Y　氏：はい。

裁判官：これに対して、どこか違っているとか、何か言い分があります
　　　　か。

Y　氏：言い分も何も、呼出状が届いたのでとりあえず来たのですが
　　　　……。

裁判官：申立書には、あなたがこの物件で性的なサービスを提供する営
　　　　業をしていると書いてあるのですが、そこはどうですか。

Y　氏：マッサージの店はやっていますけど、いやらしいことをさせて
　　　　いるつもりはありません。

裁判官：証拠で提出されているこのホームページは、あなたが開設して
　　　　いるものですか。これによると、ただのマッサージ店にはみえ
　　　　ませんが。掲示板にも性的サービスを提供されたという書き込
　　　　みがあるようです。

Y　氏：ホームページは私が業者に頼んでつくったものですが、内容は
　　　　業者任せです。この手の掲示板の書き込みは本当かどうか疑わ
　　　　しいものです。まあ個室ですから、女の子とお客さんの判断で、
　　　　こういうことが起きることがあるのかもしれませんが……。

裁判官：性的サービスがあるかないかはともかく、マッサージ店でも契
　　　　約違反ですよね。それはどうですか。

Y　氏：はい、それはそのとおりです。

裁判官：居住用ということで借りられていますが、Yさんの住所は別の
　　　　場所ですね。この物件に引っ越す予定はあるのですか。

Y　氏：いえ……今のところ考えていません。

裁判官：Xさんはこの物件を明け渡してほしいと言っていますが、どう
　　　　しますか。

Ｙ　氏：まあ、こうなってしまった以上、出て行かないといけないのは
　　　　わかっています。

裁判官：そうですか。いつまでに明け渡せますか。

Ｙ　氏：まあ、３カ月くらいみていただければ……。

立原㋐：ここに住んでいるわけでもなければ、お店の場所を公にしてい
　　　　るわけでもないでしょう。なぜ３カ月もかかるのですか。

Ｙ　氏：それは、次の部屋を借りる都合とか……。わかりました。今日
　　　　が３日ですから、今月末までに出ます。

裁判官：債権者代理人も、それでよろしいですか。

立原㋐：わかりました。

裁判官：では、和解条項をつくります。書記官をよんできますのでお待
　　　　ちください。

2　検討——双方審尋における対応・*Point*——和解内容の検討

〈*Case* ④〉のように、断行の仮処分を検討せざるを得ないほど債務者の違
法性が明確な場合、債務者は代理人を立てず自ら出頭することも少なくない
と思われる。

　このような場合、たいていの債務者は非常に緊張しているはずである。裁
判官、債権者代理人と距離をおいて自分の場所を確保できる法廷と異なり、
裁判官の目の前に債権者代理人と並んで座るという光景は、なかなか想定で
きないものだろう。なお、すべての裁判所でこのような運営をしているわけ
ではなく、また東京地方裁判所でも、事案によっては別室で審尋を行うこと
もある。裁判官室で審尋を行う際も、債権者、債務者相互に事情聴取するこ
とも多い。

　申立書や債権者面接において十分な情報を提供していれば、〈*Case* ④〉の
ように、裁判官も債務者の説得にあたってくれることも期待でき、その結果

早期に和解が成立することもある。

　よって、債権者代理人としては、和解に関する依頼者の要望を十分に確認して最初の双方審尋期日に臨むべきである。

【書式 4-2】 建物明渡断行仮処分の和解条項 (《*Case* ④》)

和　解　条　項

1　債権者と債務者は、別紙物件目録（略）記載の建物（以下「本件建物」という）についての賃貸借契約が、令和3年5月9日、債務者の債務不履行による解除により終了したことを確認する。
2　債権者は、債務者に対し、本件建物の明渡しを令和3年6月30日まで猶予する。
3　債務者は、債権者に対し、前項の期日限り、本件建物を明け渡す。
4　債務者が前項の建物明渡しを遅滞したときは、債務者は債権者に対し、令和3年7月1日から明渡し済みに至るまで、一ヶ月50万円の割合による賃料相当損害金を支払う。
5　債権者は、債務者より敷金50万円の預託を受けていることを認める。
6　債務者が本件建物を明け渡したときは、債権者は、前項の敷金より原状回復費用その他債務者の負担する一切の債務を控除した後の金員を、債務者の指定する銀行口座に振り込む方法により支払う。
7　債務者は、本件建物を明け渡したときは、本件建物内に残置した動産その他一切の設備について、その所有権を放棄し、債権者が自由に処分することに異議がない。
8　本合意書に定めるほか、債権者らと債務者らの間に何らの債権債務がないことを相互に確認する。
9　債権者は本件仮処分命令申立事件を取り下げる。
10　申立費用は各自の負担とする。

　物件目録については148頁を参照のこと。

Ⅵ
強制執行申立て

1　明渡期限を迎えて

　和解が成立し安堵したのも束の間、立原弁護士がYに対し退去に伴う清算等について確認すべく電話をしたが、何度電話をしてもYは応答しない。Xが近隣住民から聞いたところによれば、Yは相変わらず営業を続けている様子であるとのこと。立原弁護士は、速やかに強制執行にとりかかれるよう、準備を進めた。

　そして、明渡期限である6月30日を迎えた。部屋の前に行くと、昼間には動いていなかった電力計とエアコンの室外機がぐるぐると回っている。しかし、呼び鈴を押しても応答はない。

　翌7月1日、立原弁護士は東京地方裁判所の執行官室に、強制執行を申し立てた。予納金は6万5000円と指定された。

　申立書について書記官の形式的なチェックを受けた後、執行官と面談を行った。立原弁護士は、調査会社の報告書によれば本物件内は通常の住居に比べ動産類は少ないこと、日中は誰もいない可能性が高いこと、部屋の鍵は持っていること等を説明した。執行官は「執行補助業者は決まっていますか」とだけ尋ね、立原弁護士が首を振ると、廊下で談笑していた男に「お、○○さん、ちょうどよかった。明渡しを1件お願い」と気安く声をかけ、室内に招き入れた。やたらに愛想がよく腰の低いその男が、本件の強制執行を担当する執行補助業者に決まった。執行官、執行補助業者と3人で打合せを行い、催告の日時は10日後の7月11日午前11時30分に決まった。

2　検討──強制執行申立ての留意事項

(1)　*Point 1*──動産差押えの要否

明渡しについて債務名義を得る際、金銭債権についても債務名義を得てい

【書式 4-3】　強制執行申立書（〈*Case* ④〉）

引渡等執行申立書　　　　　　　　　　　　　　　　　　　　　　　　　〈要：執行立会〉

強制執行申立書	受付印		
東京地方裁判所　　　　　執行官室　御中			
令和3年7月1日	予納金　　　　　円	担当	区

（〒〇〇〇 - 〇〇〇〇）

住所	東京都中央区〇〇　〇 - 〇 - 〇	
債権者	Ｘ	㊞
（電話番号）	03 - 〇〇〇〇 - 〇〇〇〇	

（〒113 - 0032）

住所	東京都文京区弥生 3 - 3 - 3　立原法律事務所	
債権者代理人	弁護士　立　原　道　夫	㊞
（電話番号）	03 - 1234 - 5678	

（〒〇〇〇 - 〇〇〇〇）

住所	東京都足立区〇〇　〇 - 〇 - 〇
フリガナ	ワイ
債　務　者	Ｙ

（〒　　　 - 　　　）

住所	
フリガナ	
債　務　者	

執行の目的及び執行の方法
　　建物明渡し

目的物の所在地（住居表示で記載する）
　□　上記債務者の住所
　☑　東京都中央区〇〇　〇 - 〇 - 〇　〇〇マンション403号室

債務名義の表示
　　　　　東京地方　裁判所　支部　令和3年(ヨ)第11111号
　　　　　和解調書

目的物件の表示　別紙のとおり

添付書類			
1　執行力ある債務名義の正本　　1通		1　執行の日時　　　　　月　　　　日希望	
2　送達証明書　　　　　　　　　1通		2　関連事件の事件番号	
3　資格証明書　　　　　　　　　通		東京地方裁判所平成　　年（執　　）	
4　委任状　　　　　　　　　　　1通		第　　　号	
5　債務者に関する調査表　　　　通			
6			
7			

　☑　執行調書謄本を関係人に交付してください。
　☑　事件終了後、債務名義正本・送達証明書を返還してください。

　　　　　　　　　　　　　　債権者（代理人）立　原　道　夫　　　　　　㊞

電子納付用登録コード

るのが通常である。賃料滞納の場合は滞納賃料を合わせて請求し、それ以外の場合でも、明渡完了までの賃料相当損害金を請求することになるからである。

そこで、この金銭債権を用いて室内の動産を差し押さえることが可能になる。これは、動産を売却して債権の満足を得るというよりも、目的外動産が存在した場合に債権者が買受人となることで当該動産を取り除くことなく、現場にこれを残して執行を完了できるというメリットに着眼した方法である。

しかし、民事執行法131条において差押禁止動産が列挙されているほか、各地方裁判所が個別に定める差押禁止動産の目録が存在しており、これによれば生活用品の大部分は差押禁止となり、債務者が事業を営んでいる場合は業務に欠かすことのできない器具もまた差押禁止動産となる。また、明渡しとは別に動産差押えの予納金も納める必要があることも踏まえると（金額は裁判所により異なるが、1件3万円前後の例が多いと思われる）、このような場合には動産差押えを申し立てる実益に乏しいように感じられる。

他方で、対象物件に差押禁止動産以外の動産で有価値のもの、たとえば骨董品、美術品、宝石等や、その他保管に費用がかかるが差押禁止ではない物が存在する可能性が高いと考えられる場合には、動産差押えを同時に申し立てることも有益であろう。

⑵　*Point 2*——駐車場明渡しの要否

〈*Case* ④〉のように、居室とともに駐車場を賃貸し、駐車場の明渡しについても債務名義を得ている場合、駐車場の明渡しについても建物と同時に強制執行を申し立てるか否か検討を要する。

この点、自動車に換価価値があれば、動産差押えによって車両を差し押さえることも考えられるが、自動車については通常の動産執行ではなく別途自動車競売手続をとる必要がある。競落人への引渡しによって駐車場の明渡しは完了するから、この場合にはあえて駐車場明渡しの強制執行を申し立てる必要はないだろう。

　また、駐車場の明渡しを申し立てたとして、断行時に債務者が車で外出する等していて車両が存在しなければそれまでであるし、車両が存在した場合にこれを目的外動産として搬出、保管するとなれば、かなりの費用負担が生じると懸念される。

　この点、建物の明渡しが実現すれば債務者は転居を迫られるのであるから、債務者が当該自動車を全く使用せず放置しているのでない限り、建物の明渡し執行後も駐車場だけを占有し続けることは考えがたいだろう。よって、通常は居室の明渡しのみを申し立てれば、債権者は目的を達成できるものと思われる。

VII
明渡催告

　明渡催告当日、立原弁護士は集合時間前に本物件のあるマンション入り口に到着した。執行と先日の執行補助業者、およびその部下とみられる男２人が待機している。万一のときの安全を考える必要はあるが、日中はおそらく留守である、動産はあまりないと言ったのに、業者が３人も来る必要があるのだろうか。日当の請求を考えると、背筋が寒くなる。

　呼び鈴を押すが、やはり応答はない。立原弁護士はXから預かった鍵で解錠しようと考えたが、何とドアには鍵が２つ付いている。預かった鍵は上の鍵穴には入るが、下の鍵穴には合わない。この瞬間に鍵屋の費用もかかることを覚悟したが、幸い上の鍵だけを解錠したところドアが開いた。

　室内に入ると、リビングには小さなソファーとマットレス１つ、寝室にはマットレス１つが置かれており、ほかには観葉植物や少量の食器がある程度で、動産類は非常に少ない。執行補助業者は熱心に動産の目録を作成しているようだ。

　執行官は占有者の特定につながる資料を探しているようで、キッチンの引き出しにごっそりとため込まれていた書類の束を取り出す。まもなくして、

Yを宛名とする電気料金の請求書を発見し、手持ちの用紙に何かを控えている。

　立原弁護士は、その書類の束の中に引越しの見積書を発見した。引越予定日は7月20日となっており、移転先も書いてある。執行官にそのことを伝えると、やや残念そうな表情であった。

　執行官はひととおり確認を終えると、執行期日を7月31日とする旨の公示所と催告書を貼り付け、作業を終了した。

VIII
任意退去および執行取下げ

　同日の夕方、Yより立原弁護士に電話があった。仮処分手続での和解後は無視を決め込んでいたのに、催告書をみて慌てて電話をしてきたようだ。

　やはり7月20日に転居するとのことだったので、同日立原弁護士が現地に赴き、明渡しに立ち会い、明渡しの確認後、強制執行を取り下げることを確認した。

　7月20日、予定どおり現地で明渡しを完了し、立原弁護士はYから鍵を受け取った。敷金については、未払いとなっている7月1日から20日までの賃料相当損害金と、原状回復費用および執行費用を差し引き、残金があれば送金することを確認した。

IX
費用の清算

1　〈*Case* ④〉における執行費用

　翌日、立原弁護士は執行官室に取下書を提出した。予納した6万5000円のうち、約4万5000円が還付された。

　そのほか、執行補助業者に対し、明渡催告の日当として2万円を支払ったため、強制執行の実費負担は約4万円となった。

2 検討——建物明渡強制執行の留意事項

⑴ *Point 1*——執行手続の事前準備

多数の建物明渡事件を担当しても、強制執行の申立てにまで至る例はそう多くない。よって、建物明渡しの強制執行を申し立てるにあたっては、文献等で手続の流れを予習、復習しておく必要がある（実用性の高いものとしては、大阪地裁執行実務研究会編『不動産明渡・引渡事件の実務』、執行官実務研究会編『執行官実務の手引〔第2版〕』等）。

また、たとえば、申立てから催告まで、催告から執行までのスケジュール調整や、執行補助業者の選定、鍵屋の同伴を必須とするかなどについて、各地で異なる運用がされている可能性もある。明渡執行を申し立てる際は、恥じることなく執行官室の職員や執行官に質問するほうが得策であろう。

⑵ *Point 2*——明渡催告時にすべきこと

明渡催告は執行の着手ではなく、法律上は必ずしも債権者代理人が同行しなければならないものではないが、実務上はほぼ例外なく同行を求められているものと思われる。

催告に立ち会う場合は、執行補助業者は指定された時間の30分前には現地確認に来ているのが通常であるため、債権者代理人もこれを目途に現地に到着することが望ましい。所定の時刻には債務者宅の呼び鈴を鳴らすことを踏まえ、決して遅刻しないようにしたい。

入室後は、占有者の特定や債務者に対する催告は執行官が、動産類の確認は執行補助業者が行うのが通常であり、債権者代理人が必ずなすべきことがあるわけではない。

しかし、占有者が在宅していれば、退去に関し占有者と話をする格好の機会となる。また、占有者が在宅していない場合にも、〈*Case* ④〉のように有益な情報を得られる場合もある。漫然と執行官や執行補助業者の作業が終わるのを待つよりも、積極的に催告の機会を活用することが望ましい。

⑶　*Point 3*──任意退去の働きかけの継続

　債権者代理人としては、強制執行を申し立てた後も可能な限り占有者と連絡をとり、任意の退去を促すことが得策である。後記のとおり、断行によって退去を実現するとなれば、かなりの費用がかかる。これらの費用は理論的には占有者に請求可能であるが、現実の回収には困難を伴うことが多い。

　一般に、不法占有を続ける占有者も、実際に執行官に臨場され催告をされるとようやく観念するのか、断行予定日までに退去を完了することが非常に多い。筆者の印象としては、催告されても退去しない者は極めて稀である。

　当然ながら執行官は執行に向けて業者を手配しているため、債権者の側で占有者が退去していないかどうかを確認し、退去が確認できた場合にはまず執行官と執行補助業者に一報を入れて予定をキャンセルしてもらってから、申立てを取り下げるのがよいだろう。

⑷　*Point 4*──明渡しの断行を行う場合の費用負担

　〈*Case* ④〉とは異なり催告後も債務者が任意に退去しない場合は、明渡しの断行を行うことになる。一般にこの際に必要となる費用は以下のとおりである。なお、費目については執行補助業者により異なるため、一例として理解していただきたい。

⒜　人件費

　室内に残置された動産を執行補助業者が搬出・運搬する費用である。通常は、催告後、断行までの間に、明渡催告時に同行した執行補助業者によって、催告時に存在した動産がすべて残っていた場合の費用見積もりが作成される。

　費用は残置された動産の量、質、さらには業者によってまさにケースバイケースである。ワンルームで主要な動産をほとんど持ち出しているような場合は10万円程度で済むこともある。50〜60m^{2}程度で居住者2〜3名、動産の量は一般家庭程度の場合は30〜50万円程度が大まかな相場であろうか。一般に、引越し業者を頼んだ場合の費用よりもかなり高額になることを覚悟する必要がある。

⒝ 廃棄費用

残置された動産のうち無価値として廃棄するもの、および保管後債務者が引き取らないことから廃棄するものの処分費用である。その金額は廃棄物の量や種類によって大きく異なる。筆者の経験では、2人暮らしで多少の家具と家財道具が残されていた場合で、3〜4万円程度であった。

⒞ 倉庫費用

経済的価値の認められる動産が残置されていた場合には、いったんこれらを倉庫で保管し、一定期間保管後に売却することになる。荷物の量が少ない事例では、一般的なトランクルームに2〜3週間保管し、その費用は2万円前後であった。

なお、目的外動産を断行日にその場で売却することも可能である（即時売却、民執規154条の2第2項）。この場合、通常は債権者が自ら動産を買い受けることになる。

しかし、即時売却の場合にも執行官は目的外動産の目録を作成し、1品ごとにその評価額を定める必要があることから、この方法をとることができるのは、目的外動産の数が相当に少ない場合のみであろう。また、高価な動産については、即時売却をすることはできない（民執規154条の2第4項）。

⒟ 解錠費用

家主が鍵を保有していない場合、債務者が不在である場合や、在宅でも任意に解錠しなければ、解錠業者により解錠を行う。費用は鍵の形状や地域にもよるだろうが、2万円前後が多いのではないだろうか。

⒠ 鍵交換費用

執行補助業者より、鍵の交換を依頼するか尋ねられることも多い。もちろん貸主において別途業者を手配してもよい。債務者が合鍵を所有している可能性もあり、再び占有されてしまっては元も子もないため、断行後は速やかに鍵を交換するべきである。

🍀コラム　賃貸住宅の管理業務等の適正化に関する法律 ─────

　近年、オーナーの高齢化や相続等に伴う兼業化の進展、管理内容の高度化等により、管理業者に管理を委託するオーナーが増加し、また賃貸経営を管理業者に一任できるサブリース形式も増加してきました。しかし、それに伴い管理業者とオーナーや入居者とのトラブル、サブリース形式では家賃保証等の契約条件の誤認を原因とするトラブルが多発しています。

　そこで、管理業務の適正な運営と借主・貸主の利益保護を図るため、令和2年12月15日、賃貸住宅の管理業務等の適正化に関する法律（以下、「賃貸住宅管理業法」といい、条数のみ示します）が施行されました。主な内容としては、①サブリース業者およびサブリースの勧誘者（以下、「サブリース業者等」といいます）に対する規制、②賃貸住宅管理業者に対する登録制度です。

❶　サブリース業者等に対する主な規制内容

　従来、サブリース業者等が不動産のオーナーに対し、必ず利益が出るかのような説明をして契約を持ち掛け、オーナーがこれを信じて契約を締結したところ、実際には損益がマイナスになるというケースが多くありました。

　筆者が実際に相談を受けたケースでも、ハウスメーカーの関連会社であるサブリース業者が土地のオーナーに執拗に営業を掛け、好条件のサブリース契約を提示して、関連会社に建物を建築させておきながら、わずか数年で数十％もの賃料減額を申し入れ、これに応じなければサブリース契約を中途解約すると主張するという悪質な事例もありました。

　こうしたサブリースをめぐる社会的問題を背景に、サブリース業者等とオーナーとの間の賃貸借契約（マスターリース契約）に関し、以下のような規制が設けられました。

⑴　不当な勧誘行為の禁止

　　マスターリース契約の締結の勧誘をする際、または、契約解除を妨げるため、オーナー側（契約の相手方に限らず、相手方になろうとする者も含む）に対し、マスターリース契約に関する事項で、かつその判断に影響を及ぼす重要事項について、サブリース業者等の故意の事実不告知、または故意の不実告知が禁止されています（29条）。

　　なお、「故意」については、サブリース業者であれば当然に知ってい

ると思われる事項を告げないような場合は、「故意」の存在が推認されると考えられています。

(2) 誇大広告等の禁止

　マスターリース契約の条件を広告するときは、サブリース業者等は、①オーナーに支払う家賃支払期日および支払方法等の賃貸条件やその変更に関する事項等、賃貸住宅の管理業務等の適正化に関する法律施行規則（以下、「施行規則」といいます）43条に定める事項について、誇大広告（実際より著しく優良または有利であると相手方に誤認させるような広告）や虚偽広告（著しく事実に反する表示により相手方を欺くような広告）をしてはならないとされています（28条）。

　なお、規制の対象となる公告の媒体の種類に制限はなく、ホームページ等も規制の対象になります（「サブリース事業に係る適正な業務のためのガイドライン」参照）。

(3) マスターリース契約における重要事項説明

　マスターリース契約では、その締結前に、サブリース業者がオーナーに対して、サブリース業者に支払う家賃の額や支払方法等、施行規則46条各号において定められる重要事項を、あらかじめ重要事項説明書等の書面を交付して、説明しなければならないことが定められました（30条、施行規則46条）。

　また、契約締結時（契約変更時も含む）にも、サブリース業者に対し、契約締結時にオーナー等へ必要事項を記載した書面を交付することが義務づけられています（31条）。

(4) 私　見

　サブリース業者とのマスターリース契約に関しては、業者が作成する事業計画に記載された表面的な利回りで業者を選定してしまうオーナーが多く、その問題は新法施行後も大きくは変わらないように思われます。

　空室率や経費の見込みの妥当性、賃料増減額や中途解約などのリスクも含めた法律の知識がないと、思わぬリスクを負ってしまうことになりかねず、弁護士の関与の必要性が高い分野と考えます。

❷ 賃貸住宅管理業の登録制度や規制内容

　一般に、賃貸住宅のオーナーが管理会社に対し、月額賃料に対する一定割合（おおむね5％程度）の管理料を支払い、賃貸管理を委託するということ

が広く行われています。

　しかし、不動産賃貸や売買の仲介においては、宅建業法でさまざまな規制がなされているのに対し、管理契約に関しては特に規制がありませんでした。そのため、「管理会社が何をしているのかがよくわからない」、「管理会社が入居者から受け取った賃料が適正に管理されているのか不安」、「責任の所在があいまいで管理会社となかなか連絡がつかない」、といった問題も一部で生じていました。そこで、賃貸住宅管理に関し、以下のような規制が設けられました。

⑴　賃貸住宅管理業の登録

　　委託を受けて賃貸住宅管理業務行う事業者であって、管理戸数が200戸（居住用賃貸借物件であり、事業用物件は除く）の事業者に対して国土交通大臣の登録が義務づけられました（３条）。なお、200戸未満の管理戸数の事業者はこの登録は任意とされています。

　　賃貸住宅管理業務とは、以下の業務を行う事業をいいます。

ア　賃貸住宅の維持保全を行う業務

　①　玄関・通路・階段等の共用部分、居室内外の電気設備・水道設備、エレベーター等の設備等について、点検・清掃等の維持を行い、これら点検等の結果を踏まえた必要な修繕を一貫して行うこと

　②　賃貸人のための賃貸住宅の維持保全に係る契約の締結の媒介、取次ぎ、代理

イ　家賃、敷金、共益費その他の金銭の管理を行う業務

　　イの業務が「賃貸住宅管理業務」に当たるのは、アの業務とあわせた場合に限るとされており、金銭の管理のみを行う業務は賃貸住宅管理業には該当しません。

　　賃貸住宅管理業務に該当しないものとしては、定期清掃業者やリフォーム工事業者等が、維持または修繕のいずれか一方のみを行う場合や、入居者の苦情対応のみを行い維持・修繕（維持・修繕業者への発注等を含む）を行っていない場合等があげられます。

　　なお、賃貸住宅管理業社か否かについては、国土交通省の「建築業者・宅建業者等企業情報検索システム」〈https://etsuran.mlit.go.jp/TAKKEN/chintaiKensaku.do〉で確認することができます。

⑵　賃貸住宅管理業者の業務における義務づけ

ア 業務管理者の配置（10条〜27条）

各営業所または事務所に1名以上の業務管理者を配置しなければならない（ほかの営業所・事務所との兼任は不可）とされました。

業務管理者とは以下の者をいいます（国土交通省賃貸住宅管理業法ポータルサイト〈https://www.mlit.go.jp/tochi_fudousan_kensetsugyo/pm_portal/business_manager.html〉参照）。

① 2年以上の管理業務の実務経験または講習修了＋登録試験に合格した者

② 2年以上の管理業務の実務経験または講習修了＋宅建士＋指定講習を修了した者

イ 重要事項の説明（13条〜14条）

住宅管理業者は具体的な管理業務の内容・実施方法等で管理受託契約を締結する前に書面を交付して説明しなければならないとされています。

なお、賃貸人が契約内容を十分に理解したうえで契約を締結できるよう、この重要事項説明から契約締結までに1週間程度の期間をおくことが望ましいと考えられています（「賃貸住宅の管理業務等の適正化に関する法律の解釈・運用の考え方」参照）。

また、契約締結時（契約変更時も含む）にも、賃貸住宅管理業者に対し、契約締結時に賃貸人へ必要事項を記載した書面を交付することを義務づけられています（14条）。

ウ 財産の分別管理（16条、施行規則36条）。

賃貸住宅管理業者は、自己の固有財産の口座と管理受託契約に基づく管理業務において受領する家賃、敷金、共益費そのほかの金銭の口座を分別したうえで、管理受託契約ごとに金銭の出入を区別した帳簿を作成する等により勘定上も分別管理する必要があるとされています。

エ 定期報告（20条、施行規則40条）

賃貸住宅管理業者は業務の実施状況等を賃貸人へ定期的に報告する義務が定められました。

委託者への報告は、管理業務の実施状況を記載した管理業務報告書を作成し、これを賃貸人へ交付して説明を行う方法等があります。その頻度としては管理受託契約を締結した日から1年を超えない期間ご

とに、管理受託契約の期間の満了後遅滞なく、報告することが望ましいとされています。

❸　私　見

　オーナーの中には、現状でも賃貸住宅の管理について、管理契約は締結せず（月々の管理料は支払わず）、何か問題が起きたときに仲介業者等に事実上お願いして、仲介業者がサービスで管理を行っている場合も多いのが実情です。しかし、このような場合、そもそも仲介業者がどのような立場であるのか不明で、責任の所在が曖昧になってしまいます。また、賃貸物件で生じた問題の処理状況等について、オーナーが仲介業者に定期的な報告を求めることはできませんし、仲介業者との間で金銭的なトラブルが生じる可能性も否定できないところです。

　このような問題を未然に防止するためにも、オーナーとしては、登録を受けた賃貸住宅管理業者と管理委託契約を締結し、定期的な報告や明瞭な財産の分別管理の下で、賃貸物件の管理を行うのが望ましいのではないかと考えます。

第**5**章

内縁の妻に対する明渡し
──即決和解の活用

I
事案の概要

──〈*Case* ⑤〉──────────────────

　Ｘの実父Ａは20年以上にわたりＹと同居しており、いわゆる内縁関係にあったとみられる。Ａはマンションの１室を所有しＹと居住していたが、Ａの死亡後もＹは居住を続けており、ＸはＡに立ち退いてほしいと考えている。

II
実務上のポイント

〈*Case* ⑤〉における実務上のポイントは、以下の３点である。

①　内妻の居住権に関する実務の取扱い

②　即決和解手続の活用

③　他の相続処理と合わせた現実的な解決方法

Ⅲ
初回相談

X　氏：はじめまして、Ｘといいます。本日は相続した建物の明渡しの
　　　　ことで相談にうかがいました。よろしくお願いいたします。

立原㋺：よろしくお願いいたします、弁護士の立原です。ここにいるの
　　　　は、司法修習生です。司法試験に合格した後、実務家になるま
　　　　での研修としてこちらの事務所に配属されています。守秘義務
　　　　は厳守させますので、差し支えなければ、一緒にお話をうかが
　　　　ってもよろしいでしょうか。

X　氏：はい、結構です。

修習生：ありがとうございます。よろしくお願いいたします。

X　氏：早速ですが、私の父が去年の４月に亡くなりました。私はひと
　　　　りっ子で、母は３年前に他界しているので、相続人は私だけと
　　　　いうことになります。父は私が結婚して家を出た後、今から20
　　　　年くらい前から、Ｙさんという女の人と同居するようになりま
　　　　した。最初は部屋を借りて同居を始めたようですが、５年前に
　　　　退職金でマンションの１室を買ってからは、亡くなるまでそこ
　　　　で２人で生活していました。

立原㋺：いわゆる内縁関係でしょうか。お母様が亡くなってからも、お
　　　　父様はＹさんと入籍されなかったのですか。

X　氏：はい、入籍していません。私もあまり深く聞こうとはしなかっ
　　　　たのですが、母が健在な頃も離婚の話は全くしていないようで
　　　　した。父がＹさんと同棲を始めた頃には私も成人していました
　　　　し、母と父の折り合いもよくなくて、正直父が出て行った時に
　　　　は母はほっとしていました。だから父が母と離婚してＹさんと

　　　　　再婚するのに特に支障はなかったと思いますし、母が亡くなっ
　　　　　た後も父がYさんと結婚しなかった理由はよくわかりません。
　　　　　もう子供もつくらないから、あえて籍を入れる必要はないだろ
　　　　　うというくらいの理由かもしれません。

立原㉄：そうかもしれませんね。それで、今お困りのことはどういった
　　　　　ことですか。

X　氏：はい。父が所有していたマンションの1室に、Yさんがまだ住
　　　　　んでいるのです。立ち退いてほしいと思っているのですが、Y
　　　　　さんと話をしたことがないし、顔を合わせるのも気が進まなく
　　　　　て、そのままになってしまっています。

立原㉄：そうですか。お父さんは遺言書を書いてはいないでしょうか。

X　氏：わかりません。ただ、遺言書があるという連絡は受けていませ
　　　　　ん。マンションの1室の名義はすでに私に変更してあります。
　　　　　それからもう1つ問題がありまして、父の預金があまりにも少
　　　　　ないのです。口座の履歴をみていたら、5年前に定年退職した
　　　　　時に約4000万円の退職金が入っています。このうち、マンショ
　　　　　ンの1室を買うために2000万円を使ったのはわかるのですが、
　　　　　残りの2000万円がどこに行ったのかわかりません。父は企業年
　　　　　金で毎月30万円以上受け取っていましたから、生活費はそれで
　　　　　十分だったはずです。5年で2000万円ものお金が消えてしまう
　　　　　とは思えません。

立原㉄：確かに、金額的には多すぎる印象ですね。通帳からお金の流れ
　　　　　はわかりませんか。

X　氏：はい。これが退職金が入っていた口座の通帳です。亡くなる1
　　　　　年前くらいから、多い時には一度に100万円、そのほかにも頻
　　　　　繁に50万円くらいがATMで引き出されています。その頃は父
　　　　　も入退院を繰り返すような状態でしたから、Yさんが引き出し

　　　　　たのだと思います。

立原㋬：そうかもしれませんね。ただ、それを返してほしいと言うためには、Ｙさんが勝手にお金をおろしたということをＸさんの側で立証する必要があります。お父さんの判断能力はどうでしたか。

Ｘ　氏：最後まで頭はしっかりしていました。そう考えると、引き出したのはＹさんでも、父が引き出しを頼んでいたとか、自由に引き出していいと言った可能性はありますね。

立原㋬：そうですね。しかし見方を変えれば、お父さんがＹさんに財産を残したいという気持だったならば、入籍するなり遺言書をつくるなりしてもよかった気がします。

Ｘ　氏：父は私とも時々は会っていましたから、入籍や遺言書の作成はしづらかったのだろうと思います。要するに皆にいい顔をしたい、誰かを敵に回したくはない、八方美人タイプの人なんです。

立原㋬：そうでしたか。そうすると残された人は困ってしまいますね。

Ｘ　氏：はい。私としては、とにかくマンションの問題に早くけりをつけたいのです。管理費、修繕積立金、固定資産税を払い続けているので、このままというわけにもいきません。かといってこれをＹさんに請求するのも、なんだか居住を認めたようで嫌なのです。差し迫ってこの建物をどうしたいというわけではないのですが、今のどっちつかずの状態は気持が悪いです。

立原㋬：そうすると、明渡しをいつまでにしてほしいという明確な期限があるわけではないけれど、決着は早くつけたいというお考えですね。

Ｘ　氏：はい、そのとおりです。

IV
方針検討

1　修習生との会話

立原弁護士は、Xからの依頼について方針を修習生と議論した。

立原㋺：この件、まずはどうやって進めたらいいと思う？

修習生：建物明渡請求と、不当利得返還請求ですね。早速訴状を書いて
　　　　みます。

立原㋺：ちょっと待って。いきなり訴訟提起するの？　随分とアグレッ
　　　　シブだね。

修習生：それほどでも……。

立原㋺：いや、褒めてないよ。訴訟提起したらどんな結果になるかな？

修習生：明渡しは問題なく認められると思います。Xさんに所有権があ
　　　　ることと、Yさんに占有権原がないことは明らかですから。内
　　　　縁の妻には配偶者居住権もありませんし。

立原㋺：本当にそうかな。内縁の妻とただの不法占有者は同じように扱
　　　　われるのだろうか。

修習生：そうですね、社会政策的観点、すなわち婚姻制度を維持するこ
　　　　との重要性に鑑みた場合、内妻が戸籍上の妻と比べて不利益に
　　　　扱われ、法的保護がなされないこともやむを得ないものといわ
　　　　ざるを得ず……、それに遺言という方法もあるわけだから……
　　　　司法試験で勉強したように思いますが、忘れてしまいました。
　　　　反対の考え方もあったように思います。ちょっと判例を調べて
　　　　みます。

立原㋺：預金のほうはどう思う？

修習生：僕はYさんが懐に入れていると思います。そうみるのが自然だ

と思いませんか。普通の裁判官はそう考えるのではないでしょうか。

立原㋔：そ、そう……修習生らしく、要件事実に沿って考えてみようか。

修習生：不当利得の要件事実は、①原告の喪失、②被告の利得、③①と②の因果関係、④被告の利得が法律上の原因に基づかないこと、です。④については法律上の原因があることが抗弁であるという反対説もありますが、通説ではないと思います。

立原㋔：そうだね。本件ではどうなるかな。

修習生：①はＡさんの口座からお金がなくなっていますから大丈夫だと思います。②と③は、そもそも本当にお金がＹさんに渡っているのかわかりませんね。また、④は、Ｙさんに渡っていたとして、Ａさんが了承したものならば法的には贈与ですから、法律上の原因がありますね。

立原㋔：そうだね。Ａさんのお金がＹさんに渡っていることも、それがＡさんの意思によるものでないことも、立証は難しいね。もう少し証拠になるものがあればいいけどね。

修習生：そうですね。とにかく明渡しについて、判例を調べてみます。

2　検討──見通しの微妙な明渡事件における基本方針

⑴　*Point 1*──判例調査の重要性

建物明渡事件においては、正当事由、信頼関係破壊、権利濫用等の規範的要件事実について争われることが多く、事案ごとの個別的要因が大きいことから、判例を調べても確実な見通しまでは得られない場合が多い。

しかし、適切な判例調査をすれば、多くの場合は大まかな傾向は把握することができる。また、当該事件と類似性が高い事案で、かつ説得的な理由づけを示して請求を認容したものがあれば、これを引用することで裁判官の心

証を大きく左右できる場合もある。よって、判例調査の重要性は他の事件類型と異なるところはない。

⑵ *Point 2*——依頼者にとっての優先順位を十分に把握する

これも建物明渡事件に限ったことではないが、依頼者が真に望んでいることは何かを十分に把握する必要がある。当然、1日も早く、かつ金銭的負担なく明渡しを得ることは理想であるが、残念ながらそのような結果が得られることは多くない。そこで、着手後に方針にブレが生じることがないよう、初動の段階で優先順位を明確化しておく必要がある。

具体的には、以下のような場合が考えられるだろう。

① 明渡しを望む明確な期限がある場合

　例：明渡しを得て売却する具体的予定がある

　　許認可等の都合で一定の時期までに使用を開始する必要がある

② 「できればこの時期までに明け渡してもらいたい」という希望がある場合

　例：3月の引っ越しシーズンには賃貸募集を開始したい

③ 明渡期限は設定しないが、解決は早期に図りたい場合

　例：貸主が高齢であり、子供に紛争を残したくない

④ 相当の時間をかけてでも、望みどおりの解決を図りたい場合

　例：貸主の経済状況等から、金銭を提供して早期に立ち退かせるという手段をとることができない場合

　　経済的な問題よりも、借主との感情的対立が大きい場合

なお、貸主が高齢である場合に明渡しの時期を検討する際には、相続税についても考慮することが望ましい（第1編第2章Ⅲ1参照）。

V

相続人から被相続人の内妻に対する明渡請求の裁判例

修習生が判例検索ソフトを用いて裁判例を調査したところ、以下の類似事

例がみつかった。

① 最判昭和39・10・13民集18巻 8 号1578頁

　　相続人が当該家屋を使用しなければならない差し迫った必要がないこと、内妻が子供らを扶養していること、相続人は被相続人の養子であることなどを考慮して、相続人からの明渡請求を権利濫用として棄却した。

② 東京地判平成 9・10・3 判タ980号176頁

　　被相続人が内妻に対して再三感謝や償いの意思を述べていたこと、相続人が自己の住居を有するとともに被相続人から不動産、有価証券、預金などを相続していること等を考慮し、「代替住居やこれに代わる金員の提供をしないまま」内妻に明渡しを求めることは、権利の濫用にあたり、許されないものとした。

③ 大阪高判平成22・10・21判時2108号72頁

　　被相続人が生前に相続人に対し、「内妻に本件建物をやって死ぬまでそのまま住まわせてほしい」と述べていた事実等から、被相続人と内妻との間には、内妻が死亡するまで本件建物を無償で使用させる旨の黙示の使用貸借契約が成立していたと認定し、相続人の明渡請求を棄却した。

修習生：先生、判例を調べてみました。権利濫用や黙示の使用貸借を理由に、明渡請求を棄却している例が多いですね。明渡請求も無理だと思います。不当利得も無理だし、これはお手上げですね。こういうのを負け筋というのですね。Ｘさんにお断りの電話をいれましょうか。

立原㋺：君は本当に極端だね……。君が先日言っていたとおり、原則的には所有権者と無権利者という関係だから、明渡しを認めた事例はあまり判例集に取り上げられず、権利濫用と認定した事例のほうが取り上げられやすいという面はあると思うよ。

修習生：なるほど、判例を検索するときにはそういうことも考えないと

いけないのですね。「内縁」、「相続」、「明け渡し」で検索した
ら棄却例が多かったので、そういう流れなのだろうと思いまし
た。

立原㋑：多数決じゃないからね……。特に権利濫用となると事案ごとの
背景事情で判断が変わるわけだから、中身をみないとね。ただ、
要するにこれまでの歴史や背景事情によって結論が大きく異な
るということは間違いないね。不確定要素が大きいな。

修習生：そうですね。そうなると、訴訟にしてもかなり時間がかかる。
早く決着をつけたいというXさんの要望には合わないですね。

立原㋑：それではどうしたらいいと思う？

修習生：交渉から始めたほうがいいと思います。Yさんの意向と主張を
聞いたうえであらためてXさんと相談し、どのような解決がで
きるかを考えるべきだと思います。

立原㋑：そうだね。私もそう思う。では、受任通知の案を作成してみて
よ。

VI
相手方との書面交渉

　打合せ後、立原弁護士は修習生の起案した受任通知書を修正し、Yに送付
した（【書式5-1】）。2週間後、Yの代理人弁護士より回答が届いた（【書式
5-2】）。

【書式5-1】　内妻に建物明渡しを求める受任通知（〈*Case ⑤*〉）

通　知　書

令和3年6月1日

東京都港区○○　○-○-○
　　Y　　　殿

東京都文京区弥生3丁目3番3号
TEL　03（1234）5678
FAX　03（1234）5679
立原法律事務所
X代理人弁護士　立　原　道　夫

前略
　X氏（以下「通知人」といいます）の代理人として、以下のとおり通知いたします。
　通知人は、令和2年4月1日にAが死去したのに伴い、後記物件目録記載の建物（以下「本物件」という）をAより相続しました。
　貴殿は、本物件においてAと同居していましたが、Aの死後も本物件に居住し、これを占有しています。
　よって、通知人は貴殿に対し、本物件を明け渡すよう求めます。
　また、通知人がA名義の預金口座（○×銀行○○支店、普通預金1234567）を調査したところ、平成27年3月にAが○×商事を退社した際、4000万円の退職金が振り込まれているにもかかわらず、5年後にAが他界した時点で、その残金は数十万円となっていました。当該預金は事実上貴殿が管理していたものと存じます。かように多額の金銭が流失した理由につき、貴殿のご認識をお知らせ願います。

物件目録

（一棟の建物の表示）
所在　　東京都港区○○1丁目25番3
種類　　居宅
名称　　○マンション
構造　　鉄筋コンクリート造陸屋根3階建
床面積　1階　　225.20m^2
　　　　2階　　204.37m^2

3階　　204.37m²

（専有部分の建物の表示）

家屋番号　　○○1丁目25番3の301

建物の名称　301

種類　　　　居宅

床面積　　　3階部分　36.25m²

【書式5-2】　内妻が建物明渡しを拒否する旨の回答書（〈*Case ⑤*〉）

回　答　書

令和3年6月15日

X殿代理人弁護士　立　原　道　夫　先生

前略

　Yの代理人として、貴職からの令和3年6月1日付通知書に回答いたします。

　Aは生前、Yに対し、「俺が死んだらこのマンションはYにやる。それが結婚してやれなかったお前に対するせめてもの報いだ」と述べていました。結果的にAは遺言を残さずに死去しましたが、AがYに対し、生涯本物件を無償で使用させる意向であったと言えます。よって、Yは本物件を使用借権に基づき占有していますので、明け渡しには応じかねます。

　また、Yには収入がなく、本物件のほかに適当な住居もありません。よって、X殿の請求は権利濫用にも当たるものと考えられます。

　また、預金口座についてはAが管理していたものであり、Yはその使途につきご説明できる立場にありません。

草々

東京都中央区○○4丁目4番4号　○○ビル4階

TEL　03（○○○○）○○○○

FAX　03（○○○○）○○○○

島崎・藤村法律事務所

Y代理人弁護士　島崎　太郎

修習生：相手にも弁護士がついてしまいましたね。大体予想どおりの反論ですが、とりつく島もない感じですし、いよいよお手上げでしょうか。

立原⑪：そうかなあ。君がＹさんの代理人だったらどう思う？「訴訟をやれるものならやってみろ」と自信をもって言えるような事案かな？

修習生：そうでもないですね。やっぱり相手は所有権者で、依頼者の占有権限ははっきりしないわけですし。使用貸借の話もどうやって立証するのか。権利濫用で勝てるかどうかも見通しが立てづらいですね。

立原⑪：そうだね。不当利得の話だって、リスクがないとはいいきれない。もちろん最終的にはＹさんの意向次第だろうけど、訴訟外で解決できる可能性のある事案だと思うよ。

修習生：Ｘさんも早期解決を望んでいるわけだし、もう少し交渉を頑張ってみるべきですね。反論の書面を出しましょうか。

立原⑪：いや、この事案で主張をし合っても水掛け論になるだろう。相手の代理人と会って話をしたほうがよさそうだな。Ｘさんにも方針を伝えて、Ｙの代理人と面談してこよう。

修習生：具体的にはどうするんですか。

立原⑪：まずは相手の代理人に電話することだね。電話である程度話せば、訴訟外で和解する可能性があるかどうかはわかると思うよ。

修習生：双方にとってあまり訴訟にすべき事案ではないように思うので、何とかなりそうですね。

立原⑪：決して油断はできないけどね。弁護士もいろいろな人がいるし、依頼者の意向もあるからね。

修習生：面談が実現したら、どんな議論をするのですか。

> 立原㋑：この件でいえば、私なら議論はあまりしないな。占有権原があ
> 　　　　るかないかという議論をしても平行線だろうし、相手に明け渡
> 　　　　すつもりが一切ないならば、面談にも応じないと思うからね。
> 修習生：なるほど。

　その後、立原弁護士は島崎弁護士に電話し、話合いによる解決の可能性は
あるかを尋ねた。島崎弁護士も、一度代理人同士で協議をしたいとの意向で
あった。

VII
相手方代理人との面談

1　相手方代理人とのやりとり

　1 週間後、立原弁護士は島崎弁護士と弁護士会で面談した。簡単な挨拶の
後、協議は本題に入った。

> 立原㋑：占有権原について考えが違うことは理解していますが、X さん
> 　　　　としては今の状態を続けるというわけにはいかないと考えてい
> 　　　　ます。Y さんはどのようなことを希望されていますか。
> 島崎㋑：話合いで解決するなら、今のまま何もせずに住み続けるという
> 　　　　わけにはいかないことは理解してもらえると思います。ただ、
> 　　　　長く住んだ所ですから引っ越すというのは望むところではあり
> 　　　　ませんし、買い取るだけの資力はありません。低廉な賃料で貸
> 　　　　すというようなことは考えられますか。
> 立原㋑：想定していなかったことなので、X さんがどう考えられるかわ
> 　　　　かりません。ただ、仮に X さんが Y さんに賃貸すること自体は
> 　　　　やぶさかでないとしても、一般的な賃貸借契約で、賃料も相場
> 　　　　に従ったものでないと応じられないと思います。そうなると、

　　Ｙさんが１人で住むには賃料が高すぎるし、これだけの広さは
　　必要ないということになりませんか。このあたりは単身者向け
　　の物件も多いと思いますが、高い賃料を払ってまでここに住む
　　ことに固執されるでしょうか。
島崎㊀：それはそうかもしれませんね。預金の件はどうですか。Ｙさん
　　は、生計を共にしていたのでどちらがいくら使ったといえるよ
　　うなものではないが、Ｙさんが勝手にお金を引き出して自分の
　　口座に入れたりしたことはないと言っています。話合いで解決
　　するなら、一切の債権債務なしという条項を入れることは不可
　　欠です。
立原㊀：そうですか。そうすると、こちらとしてはマンションを明け渡
　　していただくこと、そちらとしては預金について請求されない
　　ことが合意の条件となりそうですね。仮にＹさんがここを明け
　　渡すとして、何かお考えはありますか。
島崎㊀：本人が言っていたのは、「今は収入がないからここを追い出さ
　　れたら本当に困る」ということです。７年後には65歳になり年
　　金が入るようになるので、部屋を借りられる状態になると思い
　　ますが、それまで待っていただくことはあり得ますか。
立原㊀：７年はちょっと考えられないと思いますね。どれだけお待ちで
　　きるかはともかく、ある程度明渡しを猶予する場合には即決和
　　解をしたいと思いますが、そこはご了解いただけそうですか。
島崎㊀：本人の意向を確認します。双方持ち帰って検討し、またお話い
　　たしましょう。

2　修習生との協議

面談後、事務所に戻った立原弁護士は、修習生と以下の協議を行った。

修習生：先生、お疲れ様でした。なかなか難しいものですね。

立原㉏：いやいや、初回からこれだけ話が進むのは珍しいよ。年に一度あるかないかだね。

修習生：そうなんですか……。僕は駆け引きは苦手だし、弁護士になるのが不安になってきました。最近ふと、やっぱり裁判官になろうかと思うのですけど、どうですかね。

立原㉏：……まあその相談は後にしようか。

修習生：ところで、「即決和解」って何ですか。

立原㉏：「訴え提起前の和解」ともいうけれど、簡単にいえば、当事者同士で合意に至っているときに債務名義をとるため、裁判所で和解調書にしてもらうんだよ。

修習生：そういえば、少し勉強したような……。でも、どちらかが違反したときにすぐに執行できるようにするのが目的なら、公正証書じゃ駄目なんですか。

立原㉏：強制執行受諾文言を入れたとしても、公正証書を債務名義として強制執行できるのは金銭債権だけだよ。だから私は明渡事件で公正証書を使ったことはないな。

修習生：なるほど。それにしても、7年も明渡しを猶予するというのは無茶ですよね。本当に部屋を借りるお金がなければ仕方ないのでしょうかね。

立原㉏：現状では、Yさんの経済状態についてはどこまで本当かわからないな。経済的に苦しいというのが嘘だと決めつけたら話は進めづらくなるけれど、老齢基礎年金については60歳から繰上受給することもできる。60歳までとすればあと2年だね。

修習生：そういえば先生は「明渡しを長く猶予するなら即決和解が必要」とおっしゃっていましたけれど、それはなぜですか。

立原㋫：初めから約束を破るつもりで合意書にサインする人はあまりい
　　　　ないからね。合意書で済ませずに即決和解までするのは、簡単
　　　　にいえば相手が心変わりしたときに備えるためなんだよ。誰だ
　　　　って、時間が空くほど心変わりする可能性は高くなるだろう。
　　　　環境も変わるしね。
修習生：確かにそうですね。しかしこうやっていろいろ考えて戦略を練
　　　　るのは面白いですね。僕、やっぱり弁護士になります。
立原㋫：君を相手にするときは即決和解したほうがよさそうだね。

3　検討──即決和解に関する問題

(1)　*Point 1*──即決和解とは

「即決和解」は通称であり、正確には「訴え提起前の和解」という。ほか
に、「起訴前の和解」、「裁判上の和解」という通称もある。

　民事訴訟法275条1項において、「民事上の争いについては、当事者は、請
求の趣旨及び原因並びに争いの実情を表示して、相手方の普通裁判籍の所在
地を管轄する簡易裁判所に和解の申立てをすることができる」と規定されて
いる。

(2)　*Point 2*──即決和解の要否

　相手方との合意が調った場合、私的な合意書の締結のみとするか、即決和
解によって債務名義を得るかを検討する必要がある。念のため即決和解を行
うに越したことはないように思えるが、即決和解の期日を迅速に設定できな
いことが多いという問題がある（第2章Ⅴ2⑴Ｃ参照）。

　貸主の立場としては、明渡しを長く猶予する場合には即決和解を行うこと
はほぼ必須であろうが、そうでない場合には借主の代理人の有無、借主本人
に対する信頼の程度等を考慮して個別に判断すべきと考える。

(3)　*Point 3*──即決和解の可否（紛争性の要件）

(A)　即決和解申立事件の実情

　即決和解申立事件の実情としては、当事者間で交渉を経て合意に至った場合に、合意内容に執行力をもたせることを意図して即決和解手続が利用される場合が大半であると思われる。とりわけ、公正証書（強制執行受諾文言）を債務名義とすることができない建物明渡事件において用いられることが多いのではないだろうか。

　なお、当事者間で将来的に合意に至る可能性はあるもののいまだ合意に至らず、裁判所の関与の下で協議を継続し合意成立をめざす場合には、即決和解ではなく調停を申し立てることが通常であると思われる。

(B)　紛争性の要件をめぐる議論

　ところが、民事訴訟法275条 1 項の条文を文言どおり解釈すれば、即決和解の要件として当事者間に「民事上の争い」が存在することが求められているように読める。

　この点、判例上も「権利の存否、内容、範囲についての現在の紛争、あるいは、権利関係の内容の不確実、権利実行の困難性等により、和解申立当時において、将来の紛争の発生が予測されるような具体的な事実関係の存在する」ことが即決和解の要件であるなどとして、紛争性を欠くことを理由に申立てを却下した事案が散見される（名古屋地決昭和42・1・16下民集18巻 1 号 1 頁、大阪高決昭和59・4・23判タ535号266頁、田川簡決平成 8・8・6 判タ927号252頁ほか）。

　私見だが、当事者双方が即決和解による解決を望んでいる以上、裁判所が紛争性の欠如を理由にこれを不適法として却下することは慎重であるべきではないかと考える。

　もっとも、申立ての前段階も含めて当事者間に主張の対立が全く認められないような事案については、紛争性の欠如を理由に申立てを却下すべきと考える。なぜなら、即決和解申立ての費用は現在一律2000円であり、公正証書

の作成費用に比べ格段に安価であることなどからすると、こうした利用方法が許されれば、これまで公正証書で処理されてきた契約が即決和解事件として大量に簡易裁判所に持ち込まれることが懸念されるからである。

　特に都市部の簡易裁判所では、一時期ほどではないにせよ、消費者金融関係事件の処理に忙殺されて一般事件の処理に困難を生じている現状がある。このうえさらに公証役場に代わる役割を求められれば、簡易裁判所はいよいよ紛争解決機関としての役割を果たせなくなるであろう。

　たとえば、「新規に貸借を開始するにあたり、契約書の作成に代えて（あるいはこれとあわせて）あらかじめ債務名義を得ておく」という趣旨で即決和解を申し立てることは許容すべきでないと考える。なお、前掲名古屋地決昭和42・1・16、前掲大阪高決昭和59・4・23の事案はこの類型に属するものである。

　一方、貸借の開始後に何らかの事情があって貸主が借主に明渡しを求め、交渉の結果として明渡時期やその条件について合意したというような場合には、かつては当事者間に主張の対立があり、潜在的には紛争性が継続しているといえるため、即決和解を認めるべきと考える。なお、前掲田川簡決平成8・8・6の事案はこの類型に属するものであるにもかかわらず申立てが却下されているが、当該事件は抗告されずに簡易裁判所で確定したようであり、先例としての価値には疑問がある。

⒞　**紛争性を否定されたら**

　それでは、即決和解の申立て後に裁判官より紛争性を否定された場合、当事者の代理人としてはどう対処すべきであろうか。幸い筆者自身はこのような経験はないが、旧知の弁護士が体験した例を紹介する。

　即決和解の申立て後まもなくして担当裁判官より当該弁護士に電話があり、「すでに和解条項について当事者間で合意できているならば紛争性の要件を欠いている、申立てを取り下げないならば却下を免れない」との指摘を受けた。当該弁護士は、これまで同種の事例を大量に取り扱ってきたが一度とし

てそのような指摘を受けたことはないこと等を述べ、裁判官に再考を促したが、裁判官は頑として譲らなかった。

そこで、当該弁護士は、相手方代理人に事情を説明したうえでいったん申立てを取下げ、再度同じ内容で、同じ裁判所に即決和解を申し立てた。新たな事件は別の裁判官の係に配転され、紛争性の要件については全く問題とされず、無事即決和解が成立した。

このような場合、正攻法としては却下決定を受けて抗告するという方法もあり得ようが、そのような時間をかけていては合意した退去時期を過ぎてしまうおそれもある。即決和解を担当する裁判官が相当数に上る大規模庁においては、上記のような解決方法のほうが現実的であるともいえるだろう。

VIII
即決和解申立て

島崎弁護士との面談後、立原弁護士はXに内容を報告し、希望を尋ねた。Xとしては、「早く決着をつけたいが、明渡し自体を急いでいるわけではない。Yさんも気の毒な立場だとは思うので、必ず明け渡してもらえるならばある程度は待ってあげたい。預金については、父はお金には細かい人で、父の知らない間にYさんが懐に入れたとも思えないのでやむを得ない」とのことだった。

立原弁護士は再び島崎弁護士と協議し、明渡し猶予期間は2年とし、即決和解手続をとることが可能であれば、預金の件も含めて清算条項を入れることを提案し、島崎弁護士はこれに同意した。

立原弁護士は合意書案を起案し、島崎弁護士の了解を得たうえで、即決和解を申し立てた（【書式5-3】）。

立原㊟：即決和解の申立書だけど、起案してみますか。

修習生：はい、ぜひお願いします。ところで、何を書けばよいのでしょ

うか。希望する和解条項を書くのはわかるのですが、「申立の実情」というのは、どの程度詳しく書けばよいですか。

立原㊨：そうだね。訴状と違って、要件事実を漏らさず書かなければいけないというようなルールはないからね。私の経験だと、合意はできているのだからと思ってごく簡潔に書いたところ、裁判官から「背景事情を詳しく書いてほしい」と言われたこともあるよ。そういう場合、裁判官は「相手方の利益を不当に害するような内容になっていないか」を心配しているようだ。だから私は、相手に弁護士がついていればそのことを明記し、弁護士がついていない場合には比較的詳しく事情を書くようにしているよ。

修習生：なるほど。相手にも弁護士がついているとわかったほうが、裁判所も安心して即決和解を進められるわけですね。

【書式 5-3】　即決和解申立書（《*Case* ⑤》）

訴え提起前の和解申立書

令和 3 年 7 月15日

東京簡易裁判所　御中

申立代理人弁護士　立　原　道　夫

当事者の表示　別紙当事者目録のとおり

申立ての趣旨

申立人と相手方との間に別紙和解条項記載の和解の勧告を求める。

申立ての実情

1　Aは、別紙物件目録（略）記載の区分所有建物（以下「本件建物」という）を所有していた。相手方は、本物件においてAと同居していた。

2　Aは、令和2年4月1日に死亡し、Aの子である申立人が本件建物を単独で相続した。

3　相手方はAの没後も本件建物を占有していたところ、申立人は申立代理人を通じ、相手方代理人（東京弁護士会所属　島崎・藤村法律事務所、島崎太郎弁護士　電話03-○○○○-○○○○）を介して、本件建物の明渡しその他申立人と相手方の間におけるAの死亡に伴う権利関係一切の処理について協議した結果、別紙和解条項のとおり合意が成立した。

4　よって、申立人は、別紙和解条項のとおり和解を成立させるため、本申立てに及んだ。

附属書類

1　申立書副本　　　1部
2　訴訟委任状　　　1通

当事者目録

〒○○○-○○○○　東京都目黒区○○　○-○-○
申立人　　　　X

〒113-0032　　　　東京都文京区弥生3丁目3番3号
TEL　03（1234）5678
FAX　03（1234）5679
立原法律事務所
申立代理人弁護士　立　原　道　夫

〒○○○-○○○○　東京都港区○○　○-○-○
○○マンション301号
相手方　　　　Y

和　解　条　項

1　相手方は、申立人に対し、別紙物件目録（略）記載の建物（以下「本件建物」という）を権原なく占有していることを認める。

2　申立人は、相手方に対し、本件建物の明渡しを令和5年7月31日まで猶予する。

3　相手方は、申立人に対し、令和5年7月31日限り、本件建物を明け渡す。

4　相手方が前項の期日までに本件建物を明け渡さない場合、相手方は申立人らに対し、令和5年8月1日から本件建物の明渡し済まで、1か月30万円の割合による使用損害金を支払う。

5　申立人と相手方は、申立人らと相手方の間に、本和解条項に定めるほかなんらの債権債務がないことを相互に確認する。

6　和解費用は各自の負担とする。

物件目録については181頁を参照のこと。

Ⅸ
即決和解成立

即決和解期日には、両代理人が出頭し、裁判官より、申立書に添付されたものとほぼ同様の和解条項が読み上げられ、期日はものの3分ほどで終了した。

2年後、明渡期日までにYはマンションを退去した。

親族間の使用貸借と明渡し

I
事案の概要

──〈*Case* ⑥〉────────────

　Aは自身の所有する家屋を弟Bに無償で使用させており、Bは当該家屋に妻Y₁および長男Y₂と居住していた。

　Bが他界した後、AはY₁およびY₂に明渡しを求めたが、両名はこれに応じずAとの接触を避けるようになった。Aは親族である両名に対して明渡しを強く求めることはせず、明渡しは実現されないまま、今度はAが他界した。

　Aから当該家屋およびその敷地を単独で相続したXは、自身の居住のために明渡しを希望している。

II
実務上のポイント

〈*Case* ⑥〉における実務上のポイントは、以下の 2 点である。

①　使用貸借の終了と明渡し

②　親族関係に配慮した明渡事件の進め方

Ⅲ

初回相談

立原弁護士の元に、知り合いの中原税理士の紹介を受けたＸが相談に訪れた。

Ｘ　氏：はじめまして、税理士の中原先生にご紹介いただきました、Ｘといいます。中原先生には相続税の申告でお世話になっているのですが、相続した不動産の中で親戚が居住している物件がありまして、先生をご紹介いただいた次第です。

立原⑪：弁護士の立原です。よろしくお願いいたします。中原先生からは詳細はうかがっていませんので、詳しくお話をいただけますでしょうか。

Ｘ　氏：はい。父Ａは令和３年12月30日に死亡しました。父Ａは港区に土地と２階建ての家を所有しており、この土地と建物は私が相続することになりました。相続登記も先日済ませました。

立原⑪：こちらが登記事項証明書ですね。良い場所ですね。建物は50年近く経っているのですね。

Ｘ　氏：はい。しかし、その建物には現在、亡くなった私の叔父Ｂの妻Ｙ₁とその長男、私からみるといとこのＹ₂が住んでいるのです。

立原⑪：お父さんと叔父さんとの間で、何か契約があったのでしょうか。

Ｘ　氏：いいえ。契約書はありませんし、家賃も払われていません。祖父が亡くなった際に父がこの土地と建物を相続し、叔父Ｂは預金や株式を相続しました。しかし、叔父は事業に失敗してしまったようで、相続した資産も失い、住む所もなくなって、父を頼ったそうです。ちょうどその頃、この建物を借りていた方が転居したこともあり、父が叔父に無償で建物を貸すようになっ

たそうです。

立原㋐：なるほど。こちらがお爺様が亡くなった時の遺産分割協議書ですね。確かにそのような内容になっていますね。

X　氏：はい。叔父は平成28年に亡くなり、その後は叔父Bの妻のY_1と、長男のY_2が住んでいます。Bが亡くなった後、父はY_1とY_2に対し、家を明け渡してほしいと言ったのですが、Y_1とY_2はこれに応じず、次第に父を避けるようになりました。父もあまり強く言いづらかったのか、そのままになってしまい、そして今度は父が亡くなったというわけです。こういった場合、私はY_1とY_2に建物を明け渡してほしいと言えるのでしょうか。

立原㋐：今のお話を前提にすると、法律的にはお父様と叔父様の契約は使用貸借契約であり、使用貸借契約は借主の方が亡くなると終了します。ですから、Y_1さん、Y_2さんが建物を使用する権利はありませんので、明渡しが認められると考えられますね。ただ、Y_1さん、Y_2さんから、お父さんは叔父さんだけでなく自分たち家族全員に建物を貸してくれたのだ、というような主張があるかもしれません。お父さんがY_1さん、Y_2さんに明渡しを求めていたことがわかる資料は残っていますか。

X　氏：はい。明け渡してほしいという手紙の写しは残っていました。また、父はここにアパートを建てようと思っていたようで、ハウスメーカーが作成した見積書が出てきました。ハウスメーカーの担当者も、父の要望を受けてY_1、Y_2に明渡しの話をしに行ったこともあるようですが、2人に断られ、それ以上深入りできずに終わってしまったようです。

立原㋐：見積書の作成日をみると、叔父さんが亡くなられて半年くらいですね。確かに、少なくとも叔父さんが亡くなった後は、お父さんがY_1さん、Y_2さんに明渡しを求めていたことは立証でき

そうですから、お父さんはあくまで叔父さんに建物を無償で使わせていたのだといえそうですね。ところで、Ｘさんから、Y₁さん、Y₂さんに明渡しの話をされたことはありますか。

Ｘ　氏：はい。父の四十九日法要の時に、Y₁に「家のことですが、以前父からもお話させていただいたと思いますが、引っ越しを考えていただけますか」と尋ねました。Y₁は「考えておきます」と言っていましたが、その言い方は突き放したような印象でした。その後も連絡はありません。

立原㋿：そうですか。お父さんがご存命の頃は、Y₁さんやY₂さんとの親戚つき合いはあったのですか。

Ｘ　氏：つき合いがあったのは私が中学生の頃までですから、かれこれ15年ほど前までだと思います。Y₁のことは正直あまり印象がないのですが、いとこのY₂は当時5歳くらいで、とても可愛いかったのをよく覚えています。叔父が事業に失敗してから生活が楽でないこともわかっていますし、Y₂は成人したとはいえまだ大学生ですから、できれば穏便に解決したいのですが……。

立原㋿：そういった関係だと、Ｘさんがご本人で話をされるのは難しいですよね。

Ｘ　氏：はい。それで先生にお願いしようと考えた次第です。

立原㋿：そうすると、裁判をしてすぐにでも明け渡してほしいというよりは、ある程度あちらの事情を聞いて、それに配慮した解決をしたいというお気持ですか。

Ｘ　氏：おっしゃるとおりです。

立原㋿：これは私の推測ですが、Y₁さんとY₂さんは、ご自身が建物に住み続ける権利があるのかどうかをご存知ないのではないかと思います。私から話をして、法律的には居住を続ける権利がな

いことを理解してもらえれば、スムーズに話ができるかもしれ
ませんね。今後、この物件はどのように利用される予定ですか。
明け渡してほしい期限などはありますか。

X　氏：私は今、妻子と一緒に賃貸マンションに住んでいますので、
Y₁たちが退去してくれたら、ここに引っ越そうと考えていま
す。建物は木造で築50年経っていて、外から見る限りでもかな
り老朽化しているようです。今度大きな地震がきたら怖いので、
建替えを考えています。ただ、いつまでにという期限があるわ
けではありません。

立原㊤：わかりました。まずは私からY₁さん、Y₂さんに手紙を出して
みます。

IV
方針検討（修習生との会話）

　以下は、〈*Case ⑥*〉について方針を検討する立原弁護士と修習生の会話で
ある。

修習生：先生、Y₁、Y₂に対する手紙の案を書いてみましたので、みて
いただけますか。

立原㊤：おお、仕事が早いね。どれどれ、このフォーマットは内容証明
か。「貴殿らは、本件建物を不法に占有しています。よって、
本通知受領後2週間以内に退去されるよう請求いたします。万
一退去されないときは、本件建物の明け渡しおよび賃料相当損
害金の支払いを求め、断固たる法的措置を執りますのでご承知
おき下さい……」。

修習生：どうですか。先日買った書式集にちょうどいいひな型があった

ので使ってみました。便利な世の中になりましたね。といっても昔のことは知りませんけど。

立原㋑：いや……先日の打合せは聞いていたよね。Ⅹさんはどんなふうに解決してほしいと言っていたかな。

修習生：親戚だから、相手の立場に配慮して、できれば穏便に解決してほしいと言っていました。

立原㋑：この手紙を君が受け取ったらどう感じるかな。

修習生：僕ならば「占有権原がないのだから出て行くしかないな」と思いますけど……。普通の人はそうは考えないかもしれません。

立原㋑：もちろん言うべきことは言わないといけないけれど、書き方によって受け取った側の印象は全く違ってくるからね。どんな解決をめざすのか、自分の行動に対して相手がどう感じるのかを常に意識して対応をしないといけないね。ひな型の空欄を埋めるだけでできる仕事ではないよ。

修習生：……すいません。

立原㋑：ニュアンスは難しいけどね。下手に出る必要はないけれど、まず会って話をできるような書き方をしたほうがいいだろうな。

修習生：ところで、宛先はY_1さんだけでいいのでしょうか。Y_2さんは学生だし、占有補助者とみていいでしょうか。

立原㋑：通常は、契約の当事者が占有者で、その同居人は占有補助者だよね。ただ、今回はそもそもY_1、Y_2との契約はないという前提だから、どちらかが契約当事者という関係にはない。Y_2も学生とはいえ成人しているし、独立の占有がない占有補助者であるといいきるには不安が残る。将来的に金銭債権について債務名義を得るためにも、念のため2人を当事者にしておいたほうが安全じゃないかな。

【書式6-1】　無権原で建物占有を続ける親族に対する受任通知（〈*Case* ⑥〉）

通　知　書

令和4年3月15日

東京都港区○○ 1-2-3

Y₁殿、Y₂殿

〒113-0032
東京都文京区弥生 3-3-3
TEL　03-1234-5678
FAX　03-1234-5679
立原法律事務所
X代理人弁護士　立　原　道　夫

　冠省にて失礼します。

　Xの代理人として、ご連絡申し上げます。

　Xの実父であるA氏は、東京都港区○○ 1-2-3（住居表示）の土地および建物（以下合わせて「本物件」といいます）を所有していました。

　A氏は令和3年12月30日に死亡し、Xがこれを相続しました。

　本物件には貴殿らが居住されていることと伺っています。しかし、A氏やXと貴殿らとの間に賃貸借契約等は締結されておらず、貴殿らは本物件を使用収益する法的な権原を有してはいないものと存じます。この点につき、貴殿らのご認識を伺いたく存じます。

　つきましては、本件の解決につき一度お目に掛かり協議させて頂きたく存じますので、当職宛てにご連絡頂き、御都合をお聞かせ頂きますようお願い致します。

V
相手方との面談

　受任通知の発送から約1週間後にY₂から立原弁護士宛てに電話があり、Y₁とY₂が立原弁護士の事務所を訪問し、打合せが実現した。

立原㋬：ご足労いただきありがとうございます。早速ですが、お手紙に書いたとおり、お住まいのご自宅はＸさんがＡさんから相続しました。Ｘさんからは、ＡさんもＸさんもお２人に明渡しを求めたことはあるが、これまでほとんどお話合いができなかったとのことで、私に解決の依頼がありました。お２人のご認識をうかがえますか。

Ｙ₁ 女：Ａさんは主人に、「生活も大変だろうから、ずっと住んでいていいよ」と言っていました。その場には私もいましたから、私は、主人が亡くなった後も私たちが住んでいいという意味だと思っています。

立原㋬：しかし、ご主人が亡くなった後、Ａさんはこの土地にアパートを建てようとしていたことがわかっています。実際に、ハウスメーカーＤ社に建築の計画を頼み、お２人とも話をしてもらったとうかがっています。ご記憶にありませんか。

Ｙ₁ 女：確かにＤ社の担当者が尋ねてきたことはありますが、どんな話だったかは覚えていません。

立原㋬：Ａさんは亡くなっており話を聞くことはできませんが、法律論をいえば、賃料を支払わず物件を使わせるのは使用貸借契約であり、この契約は貸主の死亡により終了するため、Ｂさんが亡くなった時点で契約は終了していると考えられます。ただ、Ｘさんとしては、今の時点で直ちに裁判をして強制的に退去させたいというようなお話ではなく、できるだけ円満に解決できないかと考えているようですので、ご事情やお考えをうかがえればと思うのですが。

Ｙ₂ 氏：僕は今、大学と専門学校に通っています。就職先は決まっていませんが、東京都内で探していますので、就職した後も住める

　　　　部屋を探そうかと思います。大学の都合を考えると、僕が動き
　　　　やすいのは7月か9月ですが、大丈夫ですか。

立原㊁：それくらいであれば問題ないと思います。

Y₂ 氏：お恥ずかしい話ですが、引っ越しの費用が出せるかどうか不安
　　　　です。50万円くらいはかかってしまうのではないかと思います。
　　　　頼れる人もあまりいないので、Xさんに引越代を貸してもらう
　　　　ことはできますでしょうか。自分たちがきちんと返事をせずに
　　　　このような事態を招いておいて大変申し訳ないのですが、きち
　　　　んと働いて返そうと思います。

立原㊁：ご事情はよくわかりました。Xさんにお伝えして、良い解決が
　　　　できるよう検討したいと思います。

　打合せ後、立原弁護士はXと協議した。報告を受けたXはY₂の成長を喜
び、明渡しを9月まで待つことはかまわない、引越代は出すが返さなくてよ
いとのことだった。

修習生：先生、Y₂さんは学生さんなのにしっかりしていますね。僕の
　　　　学生時代とは大違いです。

立原㊁：そうだね。学生時代の君は知らないけれど、今の君と比べても
　　　　……いや何でもない。

修習生：Xさんも気持よく条件を受け入れてくれましたけれど、そのま
　　　　ま相手に伝えてもよいものでしょうか。駆け引きとして、もう
　　　　少し厳しい姿勢をみせたほうがまとまるでしょうか。

立原㊁：それはケースバイケースだろうね。いろいろな考え方があるだ
　　　　ろうけれど、私としては、せっかくお互いが誠意を示している
　　　　のに、私たちが駆け引きをしてかき乱すようなことをすべきで
　　　　はないと思う。会社同士、他人同士ならばともかく、親族なら

　　ば今後も気持よくつき合っていけるようにすることも大事なん
　　じゃないかな。

修習生：確かにそうですね。下手な駆け引きをしなくても、今回はすん
　　なりとまとまりそうですね。

立原㉕：それはどうかな。私はY₁とY₂には温度差があるように感じた。
　　Y₁はY₂と違ってXと血縁関係もないし、駆け引きも考えると
　　思う。Y₂のほうがしっかりしている印象はあるけれど、Y₁は
　　母親だし、Y₁とY₂が話し合ってどちらが主導権を握るかに左
　　右されそうだな。

修習生：だけど、Y₁が駆け引きするとして、あまり武器になるような
　　ものがないように思うのですが。

立原㉕：そうだね。今日の話とは全く違う主張をしてくる可能性もある
　　けれど、その場合目的は引き延ばしかもしれないね。

Ⅵ
相手方による引き延ばし

　立原弁護士は、明渡しは9月末まで待つこと、引越代50万円については貸付けではなくXの気持として受け取ってもらいたいことを説明し、合意書の案を添えて相手方に対し、送付した。

　ところが、1カ月経っても相手方からは合意書が返送されず、電話をかけても応答しない。内容証明郵便で通知を送ると受取人不在で返送される。

　立原弁護士は悪い予感が的中したことを悟り、訴訟の準備にとりかかろうとしたが、「Y₂を信じたいので、もう少し待ってほしい」というXの意向を受け、事件は事実上ストップしてしまった。

　合意書の送付から2カ月後、Y₁およびY₂の代理人として、夏目漱一弁護士から受任通知が届いた。その内容は、「弊職は、本件建物に関し、Y₁およ

びY₂から委任を受けましたので、取り急ぎその旨ご報告申し上げます。詳細につきましては、事実関係を調査後追ってご連絡申し上げます」とのことだった。

　しかし、その後さらに1カ月が経っても、夏目弁護士からの連絡はない。立原弁護士は夏目弁護士に再三連絡したが常に不在で、折り返しの連絡を依頼しても連絡はない。

事務員：はい、道草法律事務所です。

立原㋫：弁護士の立原といいますが、夏目先生はいらっしゃいますか。

事務員：はい、少々お待ちください。（……先生、弁護士の立原先生からお電話です。いえ、聞いていませんが。はい、わかりました）申し訳ありませんが、どちらの件でお電話いただいていますでしょうか。

立原㋫：夏目先生がY₁さんとY₂さんを代理されている件です。

事務員：少々お待ちください。（……先生、Y₁さんとY₂さんの件だそうです。……いえ、その方の債務整理は終わりました。明渡しの事件ではないでしょうか。……はい、わかりました）申し訳ありません、夏目はただ今不在にしておりますが。

立原㋫：（この事務員さんはあえて保留ボタンを押さないのかなあ……）それでは、戻られたらすぐに折り返しご連絡いただけるようお伝えください。

事務員：承知しました。

1　相手方代理人とのやりとり

　立原弁護士は夏目弁護士に対し、1週間以内に連絡がなければ、訴訟提起する旨の通知を送付した。

　1週間後、初めて夏目弁護士から電話があった。「立退料として4000万円を支払えば、9月に退去する」とのことだった。「占有権原があるとお考えか」と尋ねると、「それは言えない」との回答だった。立原弁護士は、Xに事情を説明して訴訟を提起した（【書式6-2】）

【書式6-2】　無権原で建物占有を続ける親族に対する訴状（《*Case* ⑥》）

訴　　状

令和4年7月30日

東京地方裁判所　御中

原告訴訟代理人弁護士　立　原　道　夫

〒○○○-○○○○　東京都杉並区○○5丁目5番5号
　　　　　　　　　　○○マンション905
　　　　　　　　　　原　告　　　　　X
〒113-0032　　　　　東京都文京区弥生3-3-3
　　　　　　　　　　TEL　03-1234-5678
　　　　　　　　　　FAX　03-1234-5679
　　　　　　　　　　立原法律事務所（送達場所）
　　　　　　　　　　原告訴訟代理人弁護士　立　原　道　夫
〒○○○-○○○○　東京都港区○○1丁目2番3号
　　　　　　　　　　被　告　　　　　Y₁

〒○○○-○○○○　東京都港区○○１丁目２番３号
被　告　　　　　Y₂

建物明渡等請求事件

　　訴訟物の価額　27万6000円

　　貼用印紙代　　　3000円

第１請求の趣旨

１　被告らは、原告に対し、別紙物件目録記載の建物を明け渡せ。

２　被告らは、原告に対し、連帯して平成28年10月29日から前項の建物の明け
　　渡し済みまで、１か月25万円の割合による金員を支払え。

３　訴訟費用は被告らの負担とする

との判決並びに仮執行の宣言を求める。

第２請求の原因

１　原告の本件建物所有

　　原告の実父Ａ（以下「亡Ａ」という）は、別紙物件目録記載の建物（以下
「本件建物」という）を所有していた（甲１）。

　　亡Ａは、令和３年12月30日に死亡し、原告が本件建物を相続した（甲２）。

２　被告らの本件建物占有

　　亡Ａは、実弟であったＢ（以下「亡Ｂ」という）に対し、本件建物を無償で
貸し、亡Ｂは妻である被告Y₁、子である被告Y₂とともに使用していたが、亡
Ｂは平成28年10月28日に死亡した（甲３）。

　　よって、被告らは遅くとも亡Ｂが死亡した日の翌日である平成28年10月29日
以降、本件建物を不法に占有している。

３　賃料相当損害金

　　本件建物の賃料相当損害金は、近隣相場等を考慮した不動産業者の調査報告
より、月額25万円が相当であると考えられる（甲４）。

４　結論

　　よって、原告は被告らに対し、所有権に基づき、本件建物の明け渡し、およ
び被告らが本件建物の不法占有を開始した平成28年10月29日から明け渡し済み
まで１か月25万円の割合による賃料相当損害金の支払いを求め、本訴訟提起に
及ぶ。

第3　関連事実

　前記第2、2記載の事実からすると、亡Aは亡Bに対し本件建物を使用貸借していたものと見ることができ、当該使用貸借契約は、平成28年10月28日、借主の死亡により終了したと考えられる（民法599条）。

　亡Bの死亡後、亡Aは被告らに対し本件建物の明け渡しを求めたが、被告らは亡Aとの接触を避け、これに応じなかった。

　亡Aの死亡後、本件建物を相続した原告も被告らに対し明け渡しを求めたが、被告らはこれにも応答しなかった。

　原告は止むを得ず本件の解決を原告代理人に委任し、原告代理人が被告らと面談したところ、被告らは本件建物の占有権原がある旨の主張はしていないが、明け渡しに応じていない。

　また、被告らは本件の交渉を夏目漱一弁護士に委任したが、同弁護士からは令和4年6月1日に受任通知が送付されたものの、その後占有権原に関する主張は一切なされていない。

以上

添付資料

1	不動産全部事項証明書	1通
2	固定資産評価証明書	1通
3	訴訟委任状	2通
4	訴状副本	2通

証拠方法

別添証拠説明書記載のとおり（略）

物件目録

所在　　　東京都港区○○1丁目2番13
家屋番号　15
種類　　　居宅
構造　　　木造亜鉛メッキ鋼板・瓦葺2階建

床面積　　1階　49.93m^2

　　　　　2階　45.53m^2

2　検討——訴状作成の要点

⑴　*Point 1*——関連事実の記載

〈*Case* ⑥〉のように相手方による引き延ばしが懸念される事案では、迅速な解決を図るため、単に請求原因事実を記載するだけではなく、予想される相手方の主張とこれに対する反論や、訴訟提起前の交渉経緯について記載することが望ましい。多くの裁判官は、訴状と答弁書を受領した段階である程度事件の方向性を見極めたいと考えているが、第1回期日に被告が形式的な答弁書しか提出せずに欠席した場合には、訴状の記載と期日における原告代理人の説明のみがそのよりどころとなるからである。訴状には要件事実だけを記載したうえで、第1回期日において口頭で経緯を説明することも考えられるが、特に大規模庁では第1回期日は同じ時間帯に多数の事件が指定されていることが多いため、口頭では十分に説明できない場合もあることを念頭におく必要がある。

⑵　*Point 2*——賃料相当損害金の算定方法

建物明渡事件においては、建物明渡しとあわせて明渡日までの賃料相当損害金を請求することが通常であるため、その金額をどのように算定するかが問題となる。

この点、賃貸借契約の終了によって明渡しを求める場合は、通常は当該賃貸借契約に定める賃料額をそのまま賃料相当損害金とする。なぜなら、一般的には賃料は近隣相場等を考慮して定められるものであり、直近に締結された賃貸借契約における賃料は、訴訟提起時における適正賃料に近いものと推認されるからである。筆者の経験上はこのような場合に被告から賃料相当損害金の額を具体的に争われたことは一度もなく、判決でも例外なく直近の賃料イコール賃料相当損害金として認容されている。

　他方、〈*Case* ⑥〉のような使用貸借の事例や、賃貸借であっても特別な経緯や人的関係によって市場賃料よりも相当に低廉な賃料を定めていた場合には、当該物件の賃料相当損害金としてはいくらが相当であるか、原告側で主張立証する必要がある。立証方法としては、以下のようなものが考えられる。

①　不動産鑑定士の鑑定評価書または調査報告書

　　不動産鑑定士に依頼し、適正賃料の鑑定評価を得る方法である。一般に信頼性は高いが、鑑定費用を負担する必要がある。賃料相当損害金が高額になることが予想され、かつ判決になる可能性が高い場合等には依頼を検討すべきだろう。

②　不動産業者の調査報告書

　　不動産業者に依頼し、近隣相場に鑑みた適正賃料の調査報告書を得る方法である。

　　筆者の場合は、日頃からつき合いのある業者に依頼することが多い。無償で信用性の高い資料を作成してもらえるため、大変助かっている。

③　インターネットでの調査

　　賃貸物件検索サイトを利用し、最寄駅、駅からの距離、間取り、面積、築年数について対象物件に近い条件を設定し、得られた検索結果から適正賃料を導く方法である。

　　この方法は、都心のワンルームマンションのように条件の類似する物件が多い場合には説得力をもつが、賃貸物件の供給自体が少ない地方の場合や、物件の特殊性が強い物件（戸建住宅、1棟貸の店舗、倉庫、工場等）の場合には説得力に欠けるため、他の方法を考えたほうが得策であろう。

　　比較的情報量が多く、かつ検索条件の設定等の使い勝手の良いウェブサイトの一例を以下にあげる。

ⓐ　Yahoo 不動産〈https://realestate.yahoo.co.jp/〉

ⓑ　HOME'S〈https://www.homes.co.jp/〉

VIII
第 1 回期日

　予想どおり、夏目弁護士は請求原因に対する認否のない答弁書を提出し、第 1 回期日を欠席した。期日では以下のようなやりとりがあった。

立原㊝：進行についてお願い申し上げてよろしいでしょうか。答弁書には、「事実関係を調査の上主張する」と書いてありますが、相手方に代理人がついてからすでに 3 カ月が経過しています。この段階でこのような訴訟態度をとることからしても、抗弁がないことは明らかと考えます。率直に申し上げて、私は相手方が引き延ばしを図っているだけだと考えています。迅速な訴訟指揮をお願いいたします。

裁判官：訴訟前の交渉経緯について、もう少し詳しく教えてもらえますか。

立原㊝：はい。当初は被告ら 2 名で私の事務所に来て、9 月末に明け渡すということで、友好的に話が進んでいました。親族間の契約ということもあって、Y₂ さんからは引越代は貸してほしいという依頼があり、X さんは貸すのではなく援助したいと申し出ました。ところが、合意書を結ぶ段階になって連絡が途絶え、しばらくして代理人がついたものの、代理人も何も回答しない状態が続いたため、訴訟提起しました。

裁判官：なるほど、よくわかりました。今でも話合いによる解決の可能性はありますか。

立原㊝：そうですね。明け渡してもらうということは大前提ですが、判決を得て強制執行することを望んでいるわけではありません。

裁判官：相手方の主張がないのでわかりませんが、たとえばＡさんから
　　　　使用貸借を受けたのはＢさんだけでなく、Y₁、Y₂も使用貸借
　　　　の当事者であるというような抗弁はあり得ますかね。

立原㋖：そうですね。しかし、ＡはY₁、Y₂には明渡しを求めていたこ
　　　　との証拠がありますので、その点が争点になるなら、主張と証
　　　　拠を補充したいと考えています。

裁判官：わかりました。次回期日の１週間前までに書面を提出するよう、
　　　　被告には念を押しておきます。次回から弁論準備にします。

Ⅸ
第２回期日

1　第２回期日〜Ｘとの打合せ

　第２回期日の前日、被告から準備書面が提出された。しかし、分量にして
１頁半程度であり、①本件建物を相続したのはＡではなくＢである、②そう
でないとしても、ＢはＡから本件建物を贈与された、③前記２点のいずれも
認められないとしても、裕福な原告が被告らに明渡しを求めるのは権利の濫
用である、という内容であった。いずれについても、それ以上に具体的な事
実の主張や立証はなかった。

　期日では、おおむね以下のやりとりがあった。

裁判官：被告の準備書面を拝見しました。建物の所有権を主張されてい
　　　　るようですが、登記上もＸさんがＡさんからの相続で所有権を
　　　　取得したとされています。この点についてはどう考えられます
　　　　か。

夏目㋖：いや、その点は……次回までに補充します。

裁判官：今後、より具体的な事実を主張したり、証拠を出したりされる

予定はありますか。

夏目⑪：権利濫用について、もう少し主張を補充したいと思います。

裁判官：個別に話をさせてもらってよろしいですか。まずは被告から。

（立原弁護士が退席。15分ほどして夏目弁護士と交代）

裁判官：私からは、今回の書面をみる限り有効な抗弁があるとは思えない、解決について何か考えはおもちかと尋ねました。夏目先生からは、立退料として500万円もらえればすぐにでも退去するとの話がありました。原告はいかがですか。

立原⑪：Xさんとしては、Y_2さんの希望を聞いて、それ以上の提案をしました。ところが露骨な引き延ばしをされ、法外な請求をされ、心中穏やかでないと思います。

裁判官：そうですね。Y_2さんより、Y_1さんの意向が強いようです。権利の濫用という主張はいかがなものかと思いますが、被告らが気の毒な状況であることはそのとおりかもしれません。500万円は法外だと思いますが、引越代とY_2さんが就職するまでの賃料程度と考えて、200万円くらいをお支払いいただく考えはないでしょうか。

立原⑪：本人に聞いてみないと何とも言えませんが、被告はそれで応じそうですか。

裁判官：わかりませんが、判決になった場合の見通しは伝えてあります。駆け引きするような事案ではなく、Xさんの親族としての配慮に頼る話であることを伝え、強く説得します。

立原⑪：わかりました。そこまで言っていただけるなら、私も前向きに検討してもらえるようXさんに話をしてみます。

期日後、立原弁護士は、Xとの打合せを行った。

立原㋯：期日でのやりとりは報告書に記載したとおりです。判決の見通
　　　　しとしては、今後被告から有効な抗弁が出るとも思えませんの
　　　　で、明渡しを認める内容になる可能性が高いと思います。

Ｘ　氏：そうですか。でも、時間はかかりますよね。

立原㋯：そうですね。裁判所の訴訟指揮次第ではありますが、今後も相
　　　　手方が引き延ばしを図り、高裁までいくならば、明渡しが実現
　　　　するまでに1年くらいかかる可能性はあります。ただし、その
　　　　間の損害は賃料相当損害金として相手方に請求できます。実際
　　　　に回収できるかどうかは不安が残りますが、Y_1さんはともか
　　　　く、Y_2さんが就職して収入を得るようになれば、回収の可能
　　　　性はあると思いますが、お気持としてはいかがですか。

Ｘ　氏：私としては、Y_2に対しては支援してあげたいという気持で、
　　　　Y_2からお金をとりたいという気持はありません。今回、裁判
　　　　官から200万円という提案があったとのことですが、Y_2に支払
　　　　うのならかまいません。もしY_2が最初から「200万円支援して
　　　　ほしい」と言っていたら、おそらく応じていただろうと思いま
　　　　すので。

立原㋯：そうですか。Ｘさんとしてはそれくらいのお気持があったのに、
　　　　こうして引き延ばしの駆け引きをされてしまったことは残念で
　　　　すね。

Ｘ　氏：そうですね。でも、それはY_1や相手の弁護士さんの意向と割
　　　　り切ろうと思います。

立原㋯：わかりました。

2 検討——和解協議に臨む姿勢

(1) *Point 1*——和解協議のテーブルにつくか否か

建物明渡訴訟では、多くの場合、主張整理後・証拠調べ前の段階で裁判官から和解協議を勧奨される。

和解の方向性としては、被告が建物を明け渡すことを前提として、①明渡時期と②立退料の金額の2点を中心に協議されることが多い。建物明渡しを求めて訴訟が提起されている以上、明渡しをしないという解決は通常は想定しがたいからである。その他、賃料滞納を理由とする明渡しの場合には滞納金の支払方法、無断改築の場合には原状回復費用等も調整要素となる。

貸主としては、本来立退料提供の必要のない事案であると考えているとしても、早期解決のメリットからある程度の立退料を支払ったほうが経済合理性のある場合が多い。したがって、和解のテーブルにはつきやすい立場であるといえる。

和解のテーブルにつくか否かで悩むのは、主に借主側である。

特に正当事由が問題となっている事例において、借主は「当該建物の使用を継続する必要性が極めて高い、移転はおよそ考えられない」という姿勢を示すことが多い。もちろんそれが借主の真意である場合には、端的に「明渡しを前提とした和解ならば協議の余地はない」と回答すればよい。

他方、表向きはそのような主張をしているが、実際には条件次第で明渡しを考えている場合も少なくないだろう。そのような場合、明渡しを前提とした和解のテーブルにつくことで正当事由に関する主張の説得力が損なわれないか、判決の場合にも立退料で調整することが既定路線化しないかという懸念が生じる。明渡しを前提とした解決は困難である旨を述べたときに裁判官がどの程度説得を試みてくるか、裁判官の心証を探って対応を決めることもあり得よう。

(2) *Point 2*——心証開示型の和解とすり合わせ型の和解

〈*Case* ⑥〉のように、裁判官がある程度心証を示して立退料を提示する場

合（以下、「心証開示型の和解」という）もあるが、筆者の経験上は稀であるように感じる。多くの裁判官は、自身の心証を明確に示さず、当事者双方から希望額を提示させてそのすり合わせを行うというスタイル（以下、「すり合わせ型の和解」という）で和解を進めようとする印象がある。これはなぜだろうか。

　第1に、率直に心証を開示してしまえば、勝訴を示唆された側から譲歩を得ることが難しいという、訴訟上の和解一般に妥当する問題がある。

　第2に、立退料の算定に関する確立された基準がないことがあげられる。たとえば交通事故に基づく損害賠償請求に関しては、東京地方裁判所ではいわゆる「赤い本」（財団法人日弁連交通事故相談センター東京支部『民事交通事故訴訟・損害賠償額算定基準』）に基づき賠償額を算定する運用が定着しているため、心証開示型の和解がなされることが多いが、立退料の場合にはそのような基準を欠く。

　第3に、建物明渡事件では、双方の主張立証がかなり詳細にわたることが多いためか、裁判官の記録検討が明らかに不十分なまま和解協議がなされることが少なくないという点があげられる。多くの裁判官は和解の席で示した和解案と判決内容に大きな開きが出ることは望ましくないと考えているようであり、初期の段階で積極的に和解案を示すことに慎重にならざるを得ない面はあるだろう。〈*Case* ⑥〉は比較的単純な事案であり、被告側に有効な抗弁がないことをほぼ確信できたからこそ、自信をもって和解案を提示できたものと考えられる。

　私見だが、建物明渡訴訟においてすり合わせ型の和解が成功することは多くないように感じる。一般に建物明渡訴訟では双方の利害が激しく対立し、和解協議までにかなり詳細な主張が繰り広げられていることが多い。それにもかかわらず、裁判官が具体的な心証を示さず、双方から漠然と希望額を提示させ、極論すれば「足して2で割る解決」を試みていると受け取られれば、当事者の納得感が乏しくなるのもやむを得ないことだろう。

　また、前記のとおり、和解協議において当事者の述べた立退料の希望額が、判決における立退料の金額にも少なからず影響するのではないかという懸念から、すり合わせ型の和解をしようにも双方が金額を提示せず、両にらみの様相となってしまうことも多い。

　当事者の代理人として和解による解決を希望する場合には、裁判官に対して上記のような問題があることを説明し、暫定的な心証に基づくものであることを了解したうえで心証開示型の和解を強く要望するのも1つの方法であろう。

X
第3回期日（和解成立）

　第3回期日において、立退料200万円での和解が成立した。被告の転居費用に配慮して、50万円は先払いし、残金150万円を明渡しと引換給付とした。

【書式6-3】　無権原で建物占有を続ける親族との和解条項（〈*Case* ⑥〉）

和　解　条　項

1　被告らは、原告に対し、平成28年10月29日より現在まで、別紙物件目録（略）記載の建物（以下「本件建物」という）を権原なく占有していることを認める。

2　原告は、被告らに対し、本件建物の明け渡しを令和5年3月31日まで猶予する。

3　被告らは、原告に対し、令和5年3月31日限り、本件建物を明け渡す。

4　原告は、被告Y₂に対し、解決金として、令和4年10月30日限り、金50万円を、被告Y₂の指定する銀行口座（○銀行○支店　普通預金　口座番号1234567名義Y₂）に振り込み送金する方法により支払う。

5　被告らが第2項の明渡し猶予期限までに本件建物を明け渡したときは、原告は被告Y2に対し、解決金として、令和5年3月31日限り、金150万円を、

前項の被告ら指定口座に振り込み送金する方法により支払う。

6　被告らが第2項の明渡し猶予期限までに本件建物を明け渡したときは、原告は被告らに対し、本件建物に対する平成28年10月29日から明渡しまでの賃料相当損害金を免除する。

7　被告らが第3項の建物明渡しを遅滞したときは、被告らは、原告に対し、平成28年10月29日から明渡し済みに至るまで一ヶ月25万円の割合による賃料相当損害金を支払う。

8　被告らは、本件建物を明け渡した際に本件建物内に残置した動産については、その所有権を放棄し、原告が自由に処分することに異議がない。

9　原告は、その余の請求を放棄する。

10　原告と被告らは、原告と被告らの間には、本件に関し、この和解条項に定めるほかになんらの債権債務がないことを相互に確認する。

11　訴訟費用は各自の負担とする。

物件目録については207頁参照のこと。

修習生：先生、これで一件落着ですね。しかし何だかゴネ得になったようで、あまりスッとしないですね。

立原㋑：そう感じる気持もわかるけどね。しかし、立退料を下げるのが私たちの仕事ではなくて、Ｘさんに満足してもらうのが目的だからね。とは言いながら、私もいまだについついムキになってしまうことがあるけれど、依頼者の希望をかなえるという目的を見失わないようにしないとね。

修習生：でも、Ｘさんが払った200万円のうちいくらかが夏目弁護士の手に渡るのかと思うと、無性に腹が立ちます。

立原㋑：まあ、本当にいろいろな弁護士がいるからね。君がそう感じたなら、良い経験になったんじゃないかな。

XI
明渡し立会い

令和5年3月初旬、Y₂から立原弁護士に電話連絡があった。「転居先が決まったが、退去手続はどうすればよいか」という問合せだった。

XはY₂と話がしたいとのことであり、Y₂と夏目弁護士との委任関係は終了しているとのことだったので、X、Y₂、立原弁護士が対象物件に集合した。建物内の残置物を確認し、XはY₂から鍵の引渡しを受けた。建物は外観以上に朽廃が進み、倒壊寸前の状態であった。

Y₂はXに、「いろいろと迷惑をかけてすいませんでした」と小さく頭を下げた。Xは「Y₂のせいじゃないから。こちらこそ嫌なことに巻き込んでごめんね。困ったことがあったらいつでも連絡して」と肩を叩き、2人は笑顔で連絡先を交換して別れた。

第7章

マンション管理費滞納への対応

Ⅰ
事案の概要

― 〈*Case* ⑦〉 ―――

　Aマンションの区分所有者の1人であるYは6年以上も管理費を滞納している。管理組合はYに対し、管理会社を通じて督促を繰り返してきたが、一向に解決の兆しがみえないことから、立原弁護士の同級生で、Aマンション管理組合の理事長を務めるXが相談に訪れた。

Ⅱ
実務上のポイント

〈*Case* ⑦〉における実務上のポイントは、以下の2点である。

① 管理費の特性を活かした早期回収の方法
② 遅延損害金と弁護士費用の捻出

Ⅲ
初回相談

　Aマンション管理組合の理事長を務めるXが相談に訪れた。Xは、立原弁護士の同級生である。

X　氏：久しぶり。実は俺、自分が住んでいるマンションの管理組合の
　　　　理事長になっちゃってさ。くじを引いちゃったから仕方ないけ
　　　　ど、理事長といっても何をすればいいのか、法律のことも何も
　　　　わからなくて。

立原㋑：仕事も忙しいのに大変だね。休日も理事会でつぶれたりして、
　　　　皆苦労しているよね。それで、今日はどうしたの。

X　氏：Yさんという所有者が、かれこれ6年前から管理費と修繕積立
　　　　金を滞納しているんだよ。大きい部屋なので、1カ月の合計額
　　　　は5万円以上になる。6年の間にちょっとだけ払ったこともあ
　　　　ったんだけど、5年前からは一度も払っていなくて、滞納額は
　　　　300万円近くになっている。先日マンションの総会があり、さ
　　　　すがに我慢の限界だという声が大きくて、「理事長として何と
　　　　かしろ」と槍玉にあげられて相談にあがったわけさ。

立原㋑：管理費としてはかなりの金額だね。Yさんは払わない理由をど
　　　　う説明しているの。

X　氏：とにかくお金がないと言っている。「払わなければいけないの
　　　　はわかっている」、「3カ月したらまとまったお金が入るからそ
　　　　の時払う」なんて言って、結局は払ってこない。

立原㋑：そうか。どうやって回収するか、差し押さえられるような財産
　　　　があるか確認したほうがいいね。Yさんが所有している部屋の
　　　　登記事項証明書はとったのかい。

X　氏：とっていない。登記事項証明書って何だっけ。

立原㋑：まあ、こちらでとるからいいよ。Yさんは仕事は何をしている
　　　　のかな。

X　氏：詳しくは聞いていないけれど、昔俺が話した時は、個人で経営
　　　　コンサルタントのようなことをやっていると言っていた。でも

　　　　管理会社の担当者が管理費のことで面談した時には、「昔は羽
　　　　振りがよかったけど、今は全然仕事がない。タクシーの運転手
　　　　もやったけどそれもやめた」と言っていたらしい。回収するの
　　　　はなかなか難しそうだよね。

立原㋯：そんなことはないと思うよ。マンションの管理費債権は他の債
　　　　権よりは回収しやすいからね。判決をとらなくても滞納者の区
　　　　分所有権を競売にかけることができるし、滞納者が区分所有権
　　　　を売ってしまった場合は買主にも滞納分を請求できるから。

Ｘ　氏：そうなの！　管理会社はひとこともそんなこと言ってなかった
　　　　よ。回収にしたって、管理組合から再三クレームを言うとやっ
　　　　と手紙を出すという感じで、何かやる気が感じられないんだよ
　　　　なあ。

立原㋯：確かに、300万円も滞納してしまったのはよくないね。滞納に
　　　　対しては、ある程度ルールづくりをしておいたほうがいいと思
　　　　うよ。前に相談を受けたマンションでは、1カ月滞納で督促状、
　　　　3カ月滞納で内容証明郵便、6カ月滞納で弁護士に委任という
　　　　ようなルールをつくっているところもあったな。ただ、管理会
　　　　社にすべてを任せてしまうほうにも問題があるよ。どこまでが
　　　　管理会社の仕事なのか曖昧になるし、債権回収のプロでない管
　　　　理会社に回収業務は難しい。管理組合が自分たちの問題として
　　　　自主的に対処しないとね。

Ｘ　氏：耳が痛いな。同じマンションに住んでいるので、どうしても直
　　　　接取立てに行くのは気が進まなくてね。

立原㋯：それはまあ当然だよね。これまで弁護士には相談しなかったの
　　　　かい。

Ｘ　氏：いやあ、前の理事も弁護士に頼もうかとは考えたけれど、管理
　　　　組合の予算が毎年ぎりぎりで、弁護士費用を払うのが大変だと

　　　　　思って二の足を踏んでいたらしい。管理費を全額回収できたと
　　　　　して、これまでの赤字を埋めるくらいにしかならないからね。
　　　　　それで、とりあえずお前に聞くならタダかなと思ってね。

立原㋺：なんだそういうことか。マンションの管理規約は持ってきてく
　　　　　れたかい。

Ｘ　氏：持ってきたよ。でも弁護士費用と何か関係あるの。

立原㋺：うん。大体のマンションでは、国土交通省が公開している「標
　　　　　準管理規約」に準拠した管理規約を使っているんだけど、これ
　　　　　によれば弁護士に依頼した場合の費用も違約金として滞納者に
　　　　　請求できるという条項があるから、管理組合に弁護士費用分の
　　　　　負担は生じないことになる。さらに、管理費には年15％の遅延
　　　　　損害金が生じることになっている。６年も滞納しているとする
　　　　　と、遅延損害金は相当な額になるはずだよ。

Ｘ　氏：本当だ。弁護士費用についても損害金についても、そういう内
　　　　　容になっているな。でもさ、もしいったん回収できたとして、
　　　　　Ｙさんはまた滞納するんじゃないのかなあ。正直、もう出て行
　　　　　ってもらいたいよ。家賃を滞納した借主は出て行ってもらえる
　　　　　でしょ。こういう場合も同じことができないのかな。

立原㋺：先取特権に基づく競売申立て、違反行為を理由とする競売請求
　　　　　というような方法はあるけど、あまり現実的ではないな。ただ、
　　　　　これはまだ断言できないけど、おそらくＹさんはマンションを
　　　　　売った代金から管理費を払うことになると思うよ。理論的には
　　　　　マンションを買った人が管理費の支払義務を承継するわけだけ
　　　　　ど、実際には決済するときに滞納分を清算する。つまり、売買
　　　　　代金のうち管理費分はまず管理組合に支払い、次に抵当権者に
　　　　　残債を払い、さらに余りがあればＹさんに払うことになるだろ
　　　　　うな。とにかく、Ｙさんがここを所有して住み続ける可能性は

低いと思う。

X　　氏：これはやっぱりお前に任せたほうがよさそうだ。今度の理事会
　　　　　で決議して、正式に依頼するよ。

Ⅳ
方針検討

1　修習生との会話

立原弁護士は、以下のとおり修習生と方針の検討を行った。

立原㋟：さあ、この件はどう進めますか。

修習生：正直、あまり話についていけませんでした。区分所有法（建物
　　　　の区分所有等に関する法律のこと。以下、「区分所有法」という）
　　　　を勉強したことがないし、債権回収を実際どうやるのかもわか
　　　　らなくて……。

立原㋟：まあ仕方ないね。債権回収は理屈より経験という面があるしね。

修習生：管理費に先取特権があるというのはわかりました。ここは結構
　　　　良いマンションですし、まず区分所有権を競売にかけるのがい
　　　　いでしょうか。

立原㋟：そうかな。先取特権の優先順位を調べてごらん。

修習生：区分所有法の7条によれば、この先取特権は特別の先取特権だ
　　　　けど、優先権の順位と効力は共益費用の先取特権（民307条）
　　　　とみなされるのですね。優先順位が一般の先取特権と同じとい
　　　　うことは、あまり強い権利ではないということでしょうか。

立原㋟：そうだね。Yさんに資力がないとしたら、この区分所有権にも
　　　　目いっぱい抵当権がついているだろうから、その場合は先取特
　　　　権を行使して競売を申し立てても、無剰余で取り消されてしま

うだろうね。

修習生：ああ、そうですね。抵当権がついていたらもうお手上げですね。不動産登記事項証明書をとってみて、抵当権がついていたらどうにもなりませんね。

立原㋺：相変わらず諦めが早いなあ。特定承継人の責任についてもきちんと知っておいたほうがいいよ。

修習生：区分所有法の 8 条に「前条第 1 項に規定する債権は、債務者たる区分所有者の特定承継人に対しても行うことができる」と書いてありますね。つまり、この物件を買った人に対しても、Y さんが滞納していた管理費を請求できるということですか。恥ずかしながら全く知りませんでした。競売にせよ任意売却にせよ、売買が成立すれば回収はできそうですね。

立原㋺：まずは登記を確認する必要があるけど、交渉をやってみて駄目なら支払督促や訴訟に進めば、どこかの段階で話はつくと思うよ。ところで、この管理費の消滅時効は何年かな。

修習生：改正法で、債権者が権利を行使することができることを知った時から 5 年間、または権利を行使することができる時から10年間のどちらか早いほうですね。通常、管理費は発生した時点で行使できることがわかりますから、発生日から 5 年でよさそうですね。

立原㋺：最近の分はそうだね。でも、 6 年前から滞納していたという話だけど？

修習生：そうか、改正法の施行日前に債権が生じた場合は旧法ですね。そうすると、令和 2 年 3 月分までの管理費は一般の債権で、権利行使できる時から10年でしょうか。

立原㋺：いいや。定期給付債権（民169条）に該当するため、 5 年で消滅時効にかかるという最高裁判例がある（最判平成16・4・23民

集58巻4号959頁)。ただ、今回は債務承認の書類をYさんから
とっているから、時効の心配はなさそうだ。まずは受任通知を
起案してみようか。

修習生：はい、わかりました。

　対象物件の登記を調査したところ、金融機関を債権者とする根抵当権が設
定されていた。極度額は1億円となっており、Yが約10年前に運転資金を借
りた際に設定されたもののようだ。残債額は不明だが、対象物件の時価は
5000万円強とみられ、極度額に近い債務があれば物件の時価をゆうに超えて
しまうと思われる。

　また、登記事項証明書上の所有者はYではなくYの実父であることが判明
し、戸籍記録事項証明書等を調査したところ、Yの実父と実母はすでに他界
しており、Yのほか3名の兄弟がいること、このうち1名は海外に居住して
いることが判明した。

　そこで、まずは競売を申し立てずに、Yとの交渉を試みることにした。

2　検討──管理費債権の特殊性

⑴　*Point 1*──先取特権

　区分所有法7条1項は、①共用部分、建物の敷地もしくは共用部分以外の
建物の附属施設につき他の区分所有者に対して有する債権、②規約もしくは
集会の決議に基づき他の区分所有者に対して有する債権、③管理者または管
理組合法人がその職務または業務を行うにつき区分所有者に対して有する債
権について、「債務者の区分所有権（共用部分に関する権利及び敷地利用権を含
む。）及び建物に備え付けた動産の上に先取特権を有する」と規定している。
管理費、修繕積立金等は②に該当するため、先取特権を行使できる。

　もっとも、多くの場合、区分所有建物には住宅ローン債権を担保するため
の抵当権が設定されており、管理費債権の先取特権はこれに劣後する。住宅

ローンの返済が順調になされていれば競売価格が住宅ローンの残債を上回る場合もあるが、管理費を滞納するようであれば住宅ローンもまた滞納されている可能性がある（ただし、住宅ローンはその約款上一度の滞納で期限の利益を喪失し、優遇金利の適用も受けられなくなることからすれば、管理費は支払っていなくとも住宅ローンは支払っているという例も多いだろう）。

　管理組合としては、競売申立て前に住宅ローンの残債を確実に把握する方法がなく、このように優先債権の額が不明な状態で競売を申し立てるのはリスクが大きい。競売開始決定を得て裁判所の執行官が調査をした結果、当該物件の買受可能価額が手続費用および優先債権の見込額の合計に満たなければ、競売開始決定は原則として無剰余取消しとなってしまう（民執63条2項）。そうなると、競売申立て時に予納した予納金の残額は還付されるが、予納金の多くは不動産鑑定士による評価業務の報酬にあてられるため、評価書が提出された後ではもはや多くの還付を受けることは期待できない。

　以上のとおり、この先取特権の実効性は不十分であり、他の手段による回収を検討せざるを得ない場合が多い。

⑵　*Point 2*──特定承継人の責任

　区分所有法8条は、債務者たる区分所有者の特定承継人も管理費等支払いの責任を負う旨を定めている。この場合、譲渡人（管理費を滞納した前所有者）と譲受人の関係は不真正連帯債務であるといわれている（鎌野邦樹＝山野目章夫編『マンション法』50頁）。債権回収を図る管理組合にとっては、この規定は前記の先取特権よりもはるかに有用であるといえる。

　実際には、管理費が滞納されたまま売買が決済されることは稀であり、売買代金から管理組合に対し滞納分の管理費が支払われるのが通常である（当然ながらその分譲渡人が得る代金は減少する）。イメージとしては、抵当権の設定された物件を売買する際に、売買代金からまず抵当権者へ弁済し、抵当権抹消と同日に所有権移転するのと同様である。

⑶　*Point 3*──管理規約、遅延損害金、弁護士費用

　区分所有のマンションにおいて区分所有者が順守すべき基本的なルールを定めたものが管理規約である。区分所有建物をめぐるトラブルについて相談を受けた弁護士は、当該マンションの管理規約を確認する必要がある。

　管理規約は、管理組合総会における特別決議で定められるものであるところ、多くの管理組合では国土交通省の定める「標準管理規約」をそのまま当該マンションの管理規約として採用するか、これを基礎としながら実情に合わせて一部を修正しているようである。なお、標準管理規約は国土交通省のホームページ〈https://www.mlit.go.jp/jutakukentiku/house/jutakukentiku_house_tk 5 _000052.html〉からダウンロードできる。

　標準管理規約60条 2 項には、「組合員が前項の期日までに納付すべき金額を納付しない場合には、管理組合は、その未払金額について、年利〇％の遅延損害金と、違約金としての弁護士費用並びに督促及び徴収の諸費用を加算して、その組合員に対して請求することができる」との規定がある。

　遅延損害金の利率は各管理組合が定めることになるが、筆者が携わった事例では14.6％あるいは15％としていることが多かった。管理費支払いを心理的に強制するためであろう。

　管理費、遅延損害金のみならず、弁護士費用をも相手方に請求できるという規定はほかに例をみないものであり、国土交通省がかような規定を設けたことはやや意外に感じられる。この点、実際に管理組合より弁護士費用を請求された滞納区分所有者が、当該規定は弁護士費用の敗訴者負担を導入していないわが国の法制度に反するものとして無効であると主張して争った事例があるが、当該規定が有効である旨の判断がなされている（東京簡判平成20・3・25裁判所ウェブサイト（平成19年(ハ)28255号））。

【書式7-1】　管理組合の代理人から管理費滞納者に対する督促通知（〈*Case* ⑦〉）

通　知　書

令和3年9月1日

〒○○○-○○○○

東京都港区○○3丁目3番3号　Aマンション202号

　　　Y　　　　殿

〒113-0032

東京都文京区弥生3-3-3

TEL　03-1234-5678

FAX　03-1234-5679

立原法律事務所

Aマンション管理組合代理人

弁護士　立　原　道　夫

前略　Aマンション管理組合（以下「通知人」という）の代理人として、以下のとおり通知いたします。

　貴殿は、東京都港区○○3丁目3番3号所在のAマンション202号室（以下「本物件」と言います）を所有し、管理費及び修繕積立金（以下合わせて「管理費等」という）として、毎月5万5290円の支払義務を負っています。

　貴殿は、平成27年4月より本物件の管理費等を滞納するようになり、その後何度か滞納額の一部を弁済したものの、令和2年6月27日以降一切の支払をしていません。

　貴殿の滞納額は、遅延損害金の発生を度外視しても、令和3年8月末日時点で、299万9867円に及んでいます。

　よって、通知人は、貴殿に対し、本通知受領後1週間以内に、金299万9867円を、下記口座宛に振り込み支払うことを請求いたします。

　なお、上記期限内に支払、ご連絡なき場合、建物の区分所有等に関する法律第7条規定の先取特権に基づき本物件の不動産競売を申し立てる等の法的措置を執らせて頂きます。また、その際は、Aマンション管理規約第60条第2項に従い、年率15％の割合による遅延損害金および諸費用も合わせて請求させて頂くこと、上記規定に従い遅延損害金を計算すると貴殿の滞納額は令和3年8月

末日時点で519万9308円に及んでいることを、念のため申し添えます。

草々

記

○○銀行　○○支店

普通　口座番号1234567

名義　弁護士立原道夫預り口

以上

V
書面による交渉

1　支払督促か訴訟か

　受任通知の発送から約2週間後、Yから立原弁護士宛てに回答書が届いた。その内容は、①管理費・修繕積立金を滞納したことは認める、②本物件を売却して返済にあてたい、③遅延損害金・弁護士費用は免除してほしい、とのことであった。

　これに対し、立原弁護士は、登記事項証明書上の所有者がYの亡実父のままであり、この状態のまま売却ができるとは考えられないこと、具体的な売却予定時期、遺産分割協議の状況と他の相続人の氏名と所在を知らせるよう求めた。

　これに対するYの回答は、遺産分割協議はこれから行い、相続登記と売買の登記を同時に行うつもりである、現状で具体的な売却時期を示すことはできない、他の相続人の住所氏名は開示できないというものであった。

立原㉓：この回答をみて、君はどう思う。

修習生：う〜ん……本物件を売却して退去してくれればいいですが、何だか雲をつかむような話ですね。これまでも何年ものらりくらりで払わなかったのだから、信用して待つのもどうかと思いま

す。支払督促なり、通常訴訟なりをやってしまったほうがいいと思います。

立原㋖：そうだね。私もそう思う。支払督促と訴訟、どちらがいいだろうか。両方のデメリットとメリットを考えてみて。

修習生：支払督促は、異議がなければ早期に督促命令が出ますが、異議が出されれば結局通常訴訟に移行しますから、その分時間の無駄になることがありますね。

立原㋖：支払督促の場合、異議が出なければ期日が開かれないまま命令が出るから、裁判所での話合いの機会はない。ただ、異議が出ない可能性が高い場合には、債務名義を得てから話合いをするという戦略もあるかもしれないね。費用の面ではどうかな。

修習生：え〜っと……。すいません、支払督促のことはあまり細かく勉強していません。

立原㋖：そうだろうね。支払督促の場合、印紙代は通常訴訟の半額で済む。また、訴訟費用の確定手続をとらずに、機械的な計算式によって、最初から実費相当分を請求に加算できる。ちょっと独特でとっつきにくいかもしれないけど、裁判所のホームページに丁寧な書式が載っているから、参考にしてみるといいよ。

修習生：わかりました。ところで、依頼者が会社の場合は添付書類として商業登記事項証明書をつけますよね。マンションの管理組合の場合はどうするのでしょうか。どうやってＸさんが本件の代表権をもつことを明らかにするのですか。

立原㋖：良い質問だね。管理組合を法人化しているかどうかで変わってくるけど、法人化している組合は少ないから、法人化していない場合を考えよう。標準管理規約に準拠した管理規約の場合、理事会の決議によって、理事長に訴訟遂行の権限を与えられる旨の規定がある。だから、管理規約、理事長が選任された時の

　　　総会議事録や理事会議事録、訴訟遂行の権限を付与した際の理事会議事録を提出すればいい。

修習生：なるほど。では、支払督促でも訴訟でも、理事会決議をしてもらう必要があるということですね。

立原㋫：そうだね。次回の理事会の日程を確認して、理事会に行って説明してこよう。管理組合の理事会はたいてい土日だけど、君も一緒に行くかい。

修習生：いや、考えておきます……。ところで、遅延損害金についてはどうやって計算すればいいのでしょうか。管理会社さんからいただいた一覧表に、いついくら支払ったかは書いてありますが、遅延損害金は計算されていないようで、支払われたものをすべて元本に充当するような表になっています。

立原㋫：そうだね。家賃の場合もそうだけど、一般の貸主や管理組合は、損害金を含めずに遅れて支払われたものを元本に充当して計算しがちだね。そして、そのような前提で督促状を送ってしまっていることも多い。だけど、元本に充当するとか損害金を免除するという意思表示をしているわけではないから、弁護士が請求を行うにあたっては、民法どおり損害金を計上し、弁済は損害金に先に充当するといいと思うよ。

修習生：でも、毎月管理費が発生しているのに対し、不定期に中途半端な金額が支払われていますよね。損害金の計算はすごく大変そうなんですが、どうしたらいいのでしょう。

立原㋫：確かに昔は大変だっただろうね。今は表計算ソフトを使った利息計算表を使って取引履歴を入力すれば、自動的に損害金を計算してくれるよ。それを訴状の別紙につければいい。利息計算表はインターネットで検索すればいくつかみつけられるだろうから、使い勝手のよさそうなものをダウンロードしてやってご

　　　　　　　らん。

修習生：わかりました。それからもうひとつ。今回は登記名義人の法定
　　　　　相続人のうちYさんだけを相手にするのですよね。そうすると、
　　　　　請求額としてはYの法定相続分だけになるのでしょうか。

立原㉜：いや、相続開始前に発生していた管理費を請求するならそうだ
　　　　　ろうけど、今回請求するのは相続開始後、すなわち遺産共有状
　　　　　態になった後の管理費だね。区分所有権を共有する者が負う管
　　　　　理費等の支払債務は性質上の不可分債務だから、共有者の1人
　　　　　に対しても全額を請求できるというのが通説で、高裁の裁判例
　　　　　もある（東京高判平成20・5・28判例集未登載）。遺産共有の状態
　　　　　でも同じ理屈が通用すると考えていいのではないかな。本物件
　　　　　を譲渡する以外の方法で債権回収を考えるなら他の相続人に対
　　　　　しても債務名義をとったほうがいいと思うけど、他の相続人は
　　　　　海外にいるから、申立書の送達だけでも時間と費用がかかりす
　　　　　ぎる。まずはYだけを相手に進めてみよう。

修習生：なるほど。わかりました。

2　検討——管理組合を訴訟当事者とする場合の基礎知識

(1)　*Point 1*——権利能力なき社団

　区分所有法3条は、「区分所有者は、全員で、建物並びにその敷地及び附
属施設の管理を行うための団体を構成し、この法律の定めるところにより、
集会を開き、規約を定め、及び管理者を置くことができる」と規定している。
この団体がいわゆる「管理組合」である。「置くことができる」と規定され
ているとおり、管理組合の設立は義務ではないが、管理組合がなければ当該
マンションの管理に関する意思決定は非常に煩雑になるため、昨今では、ほ
とんどの区分所有マンションにおいて管理組合が設立されている。

　管理組合は、区分所有者および議決権の各４分の３以上の多数による集会の決議で法人となる旨並びにその名称および事務所を定め、かつ、その主たる事務所の所在地において登記をすることによって法人化することができる（区分所有47条）。しかし、役員交代登記の煩雑さ等が影響してか、法人化されている管理組合は必ずしも多くないと聞く。

　法人化されていない管理組合は、権利能力なき社団として取り扱うのが現在の実務であるから、管理組合を当事者として支払督促、通常訴訟等を提起することが可能である（民訴29条）。管理組合の実態が失われてしまっているような場合はともかく、標準管理規約に準拠した管理規約が定められ、これに従った運営がなされていれば、問題なく権利能力なき社団の要件を充足するであろう。

　⑵　*Point 2*──管理者

　前記のとおり、区分所有法３条は管理組合の「管理者」をおくことができると定めている。また、標準管理規約38条２項は、「理事長は、区分所有法に定める管理者とする」と定めているため、通常は理事長が自動的に「管理者」となる。

　また、区分所有法26条４項は「管理者は、規約又は集会の決議により、その職務（第２項後段に規定する事項を含む。）に関し、区分所有者のために、原告又は被告となることができる」と定めており、これに加え、標準管理規約60条３項は、「理事長は、未納の管理費等及び使用料の請求に関して、理事会の決議により、管理組合を代表して、訴訟その他法的措置を追行することができる」と定めている。

　よって、標準管理規約に準拠した管理規約が定められている場合は、管理組合を当事者、理事長をその代表者として、滞納管理費回収のための訴訟を追行することができる。

VI
支払督促申立て

　立原弁護士はAマンションの理事会に出席し、Yに対し法的措置をとること、そのための代表権を理事長に付与することについて理事会の決議を得た（【書式7-2】）。また、裁判手続内での協議をめざすならば訴訟提起が最善かとも考えられたが、印紙代を極力節約したいという管理組合の意向も踏まえ、まずは支払督促を申し立てることとした（【書式7-3】）。

**【書式7-2】　管理費滞納者に対し法的措置を講じることについての
　　　　　　　理事会議事録**（〈*Case* ⑦〉）

Ａマンション管理組合　理事会議事録

令和3年10月10日

日時　令和3年10月10日

場所　集会室

出席者　理事長　　　X

　　　　理事　　　　B

　　　　理事　　　　C（委任状）

　　　　監事　　　　D

　　　　管理会社　　E

　　　　弁護士　　　立原道夫

議事

1　滞納管理費回収に関する法的措置の件

　議長の指名により、弁護士立原道夫氏より、本マンション202号室の滞納管理費等（管理費、修繕積立金、遅延損害金、弁護士費用）について、その回収を図るため、Y氏に対し、支払督促、通常訴訟、強制執行等の措置を執ることとしたい旨の説明があった。

　また、これらにつき、管理規約第60条第3項に基づき、理事長に対しその代

表権を付与されたい旨の説明があった。

　本議案に対し議長が承認を諮ったところ、満場一致でその旨承認された。

以　　上

【書式 7-3】　管理費滞納者に対する支払督促申立書（〈*Case* ⑦〉）

支払督促申立書

令和 3 年10月26日

東京簡易裁判所　裁判所書記官　御中

債権者代理人弁護士　立　原　道　夫

管理費等支払請求事件

当事者の表示　　　　別紙当事者目録記載のとおり

請求の趣旨及び原因　別紙請求の趣旨及び原因記載のとおり

送達場所の届出　　　別紙当事者目録記載のとおり

債務者は、債権者に対し、請求の趣旨記載の金額を支払え

との支払督促を求める。

申立手続費用　1 万5500円

（内訳）

申立手数料　1 万3500円

督促正本送達費用　1080円

通知費用　120円

申立書作成及び提出費用　800円

価　　額　428万9720円

印　　紙　1 万3500円

郵　　券　　　1200円

はがき　　　　1 枚

添付書類

1	委任状	1 通
2	管理規約写し	1 通
3	総会議事録写し	1 通
4	理事会議事録写し	1 通

当事者目録

〒○○○-○○○○　東京都港区○○三丁目 3 番 3 号
　　　　　　　債　権　者　　Aマンション管理組合
　　　　　　　　　　　管　理　者　　　X

〒113-0032　東京都文京区弥生 3-3-3
　　　　　　　TEL　03-1234-5678
　　　　　　　FAX　03-1234-5679
　　　　　　　立原法律事務所（送達場所）
　　　　　　　債権者代理人弁護士　立　原　道　夫
〒○○○-○○○○　東京都港区○○三丁目 3 番 3 号
　　　　　　　Aマンション202号
　　　　　　　債　務　者　　　　Y

請求の趣旨及び原因

第 1　請求の趣旨
1　586万4319円（下記請求の原因 3 および 4 の合計）
2　上記金額のうち、375万9720円に対する令和 3 年10月27日から支払済みまで年15パーセントの割合による遅延損害金、および53万円に対する支払督促送達の日の翌日から支払済みまで年15パーセントの割合による遅延損害金
3　1 万5500円（申立手続費用）

第2　請求の原因

1　当事者

　債権者は、債務者が区分所有権を有するAマンション（所在：東京都港区○○三丁目3番3号）の管理組合の管理者である。

　債務者は、同マンション202号室を、平成22年12月28日、登記名義人○より相続し、現在もこれを所有しているものである。

2　管理費等・遅延損害金・弁護士費用の支払義務

　債務者は、本マンション管理規約第25条に基づき、毎月26日までに、翌月分の管理費および修繕積立金（以下あわせて「管理費等」という）として、管理費3万5000円、修繕積立金2万290円、合計5万5290円を支払う義務を有している。

　また、管理規約第60条2項において、管理費等の支払を怠ったときは、年15パーセントの割合による遅延損害金と、違約金としての弁護士費用並びに督促及び徴収の諸費用を加算して、その組合員に請求できる旨定められている。

3　管理費等および遅延損害金

　債務者は、平成27年4月より、管理費等を滞納するようになり、令和2年6月27日を最後に、その弁済をしていない。

　管理費等の発生額および弁済額は別紙計算書のとおりであり、令和3年10月26日時点で、滞納額は533万4319円（残元金375万9720円と確定遅延損害金157万4599円の合計）に及んでいる。

4　弁護士費用

　本件の弁護士費用としては、上記滞納額の約1割の53万円が相当である。

以　　上

Ⅶ
訴訟移行

　Yからは督促異議が出されたため、〈*Case ⑦*〉は訴訟に移行した。立原弁護士は訴状に代わる準備書面を提出した（【書式7-4】）。

　これに対しYからは、請求棄却を求め、請求原因に対する認否は追って主張すること、管理費を滞納していることは事実であること、管理費元本は払

うつもりであること、支払いについては話し合いたいこと等が述べられた答弁書が提出された。

【書式7-4】 訴状に代わる準備書面（支払督促→通常訴訟の移行時）
（〈*Case ⑦*〉）

令和3年㈹第12345号　管理費等請求事件
原告　Aマンション管理組合　管理者　X
被告　Y

訴状に代わる準備書面

令和3年12月1日
東京地方裁判所民事第45部6係　御中

　　　東京都文京区○○1丁目1番1号　○○ビル5階
　　　TEL　03（○○○○）○○○○
　　　FAX　03（○○○○）○○○○
　　　立原法律事務所
　　　債権者代理人弁護士　立　原　道　夫

第1　請求の趣旨
1　被告は、原告に対し、金586万4319円および内金375万9720円に対する令和
　3年10月27日から支払済みまで年15パーセントの割合による、内金53万円に
　対する令和3年11月18日から支払済みまで年15パーセントの割合による金員
　を支払え
2　訴訟費用は被告の負担とする
との判決および仮執行宣言を求める。

第2　請求の原因
　支払督促申立書の記載を引用する。なお、支払督促申立書は令和3年11月17
日に被告に送達された。

以　上

Ⅷ
第1回期日

1　第1回期日にて

令和4年1月22日、第1回期日が開かれた。支払督促を申し立てたことで、結果的に申立てから第1回期日まで3カ月もの時間を要してしまった。

期日には、Yが自ら出頭した。おおむね以下のようなやりとりがあった。

裁判官：Yさんの答弁書ですが、元本は支払うつもりだと書いていますね。遅延損害金と弁護士費用については、支払うつもりはないということですか。

Y　氏：はい。勘弁してもらいたいと思います。

裁判官：勘弁というのは、免除ということですか。損害金や弁護士費用について、原告の主張のような規定が管理規約にあることは知っていますか。

Y　氏：知りませんでしたけど……。書いてあるならそのとおりだと思います。

裁判官：特にこの規約は無効だというような理由があるわけではないですか。

Y　氏：そういうわけではないです。

裁判官：そうすると、払う義務はあるだろうけど、大目にみてもらえないかというお願いですか。

Y　氏：はい。そのとおりです。部屋を売ってお金は払おうと思っています。私はこういったことが苦手なので、不動産屋さんに間に入ってもらおうと考えていて、今日も一緒に来てもらっていま

```
　　　　　　す。
裁判官：原告はどうしますか。判決に向けて進めますか、話合いをされ
　　　　　ますか。
立原㊨：もう一度期日を入れていただいて、その間に話合いをしてみた
　　　　　いと思います。
裁判官：わかりました。それではＹさん、原告の代理人とよく話をして
　　　　　ください。話合いがつかなければ次回で終結して判決にします。
　　　　　次回期日は３週間後とします。
```

2　相手方とのやりとり

期日終了後、裁判所の待合室で協議を行った。

```
Ｙ　　氏：こちらは、マンションの売却をお願いしているＦ不動産のＦさ
　　　　　んです。
Ｆ　　氏：Ｆです。Ｙさんからは専属選任媒介契約をいただいています。
　　　　　この物件の情報はすでに REINS（筆者注：不動産流通機構が運
　　　　　営しているコンピュータ・ネットワーク・システム。REINS に登
　　　　　録された物件の情報は、流通機構の会員不動産会社全社が閲覧可能
　　　　　となる）にも流していて、何件か内覧の申込みも入っています。
　　　　　良い物件ですから、早めに決まるのではないかと期待していま
　　　　　す。
立原㊨：よろしくお願いします。ところで、相続処理はどうなっていま
　　　　　すか。
Ｙ　　氏：はい。最近、兄弟全員と話ができました。マンションを売って
　　　　　残ったお金を兄弟４人で均等に分けることにしました。Ｆさん
　　　　　に司法書士さんを紹介してもらって、書類を集めているところ
```

です。

立原㉫：専属選任媒介契約は、4人全員と締結されていますか。

F　氏：その予定です。海外にいる1人からの返信待ちです。

立原㉫：根抵当権がついているようですが、残債はないのですか。

Y　氏：残債はありますが、大きな金額ではありませんので、全額を支払っても手元にいくらか残る予定です。

F　氏：先生、そこでご相談なのですが、遅延損害金と弁護士費用は免除していただけませんか。通常はマンションの管理費で損害金をとるということはあまりないように思うのですが。

立原㉫：通常はマンションの管理費を6年も滞納しませんからね。こちらの管理組合は、予定どおり管理費が入金されてようやく毎年の収支がゼロになるような予算の組み方をしており、Yさんが滞納したことで大きな迷惑を被っています。弁護士費用についても実際に費用がかかってしまうものですから、すべて免除するというわけにはいきません。組合の意向は聞いてみますが、元本のほかにいくらの支払いができるか、Yさんのほうで提案してもらえますか。その内容を理事会に諮りたいと思います。

Y　氏：わかりました。次回の期日までに合意ができるように、検討したいと思います。

3　検討──弁護士以外の者の関与にどう対処すべきか

　賃料滞納や管理費滞納の事案においては、滞納者側に代理人弁護士がつくことは多くない。法的に有効な反論が考えがたく、弁護士費用を支払ってもそれに見合った結果を得ることが困難であることがその原因であろう。

　このような場合、本来は滞納者本人と協議すべきであるが、本人が弁護士でない第三者、たとえば友人と称する者、不動産業者等を「代理人」として

指定してくる場合も多い。

　しかし、被告本人の力だけではおよそ解決困難と思われる事情がある場合や、仕事の都合などで被告本人との連絡を円滑に行うことができない場合には、適切な第三者が被告に協力することが迅速・適正な解決につながることも多い。第三者を代理人として扱うことは弁護士法の観点からも問題があるように思われるが、最終的には本人の意向を確認して本人との間で解決を図るならば、それまでの連絡窓口としての第三者の関与を排除すべきものではないだろう。

　他方、当該第三者が介在することによっていたずらに解決が遅延する場合や、第三者がおよそ被告の利益のために行動しているとは思えない場合、あるいはいわゆる「事件屋」である場合など弁護士法に違反する疑いが濃厚である場合は、当該第三者を排除し、もっぱら本人を連絡窓口とすべきと考える。

　〈*Case* ⑦〉では、不動産売買について専任媒介契約を締結した不動産業者が被告側の窓口を担っている。かかる業者は、売買を成約させない限り報酬は得られず、売買成約のためには管理費の清算について決着をつける必要があるため、精力的に活動する動機は十分である。

　また、〈*Case* ⑦〉では、物件の売買にあたっては海外に住む共同相続人との相続処理を先行させる必要があり、債務者本人に任せていては迅速な解決が期待できない事情がある。こうした場合、被告に協力する者が誰もいなければ、原告代理人が被告に対し事実上の手助けをせざるを得ないこともあるが、深入りは禁物であり、その線引きが難しくなる。〈*Case* ⑦〉では、Fが個人経営に近い地元の不動産業者であり、迅速かつきめ細かい対応をしてくれたことが幸いして早期解決につながっている。

IX
期日間の交渉

　第1回期日後、Fから立原弁護士に対し逐一進捗の報告がなされた。

　管理組合に対する支払額についても、Fを窓口として協議が重ねられたが、最終的には「営利団体ではないのだから、管理費等元本と弁護士費用分を回収できればよい」というAマンション管理組合の意向も踏まえ、売却予定日までの滞納管理費等元本に加え90万円を支払うことで合意が成立した。

X
第2回期日（訴訟上の和解）

　前記IXの合意内容に従い、第2回期日で訴訟上の和解が成立した（【書式7-5】）。

　なお、第2項に定める被告の支払額は、和解時点での滞納管理費・修繕積立金に加え、令和4年7月分までの管理費・修繕積立金に90万円を加算した金額である。同月以前に売買が成立する可能性もあるが、遅延損害金を一部免除することも考慮し、その場合でも支払額を変更しないことで合意した。なお、7月末までに売買が成立しない可能性も考慮し、清算条項との関係上、8月以降の管理費等の支払義務についても明記した（和解条項第2項、第4項）。

XI
物件売却および債務の弁済

　令和4年3月下旬、Fより立原弁護士に対し、売買契約が締結され4月下旬に決済予定との報告があった。4月下旬、無事決済が完了し、売買代金から和解条項第3項の債務の全額が弁済された。

【書式7-5】　管理組合・管理費滞納者の和解条項（〈Case ⑦〉）

和解条項

1　被告は、原告に対し、令和4年1月31日時点における未払管理費および修繕積立金の残元金として3,925,590円、およびこれに対する同日までの遅延損害金として金1,747,592円、弁護士費用として金530,000円の支払い義務があることを認める。

2　被告は原告に対し、別紙物件目録（略）記載の建物の管理費および修繕積立金として、令和4年2月26日より毎月26日限り、金55,290円の支払い義務があることを認める。

3　被告は、原告に対し、第1項の債務の一部および前項の債務のうち令和4年7月26日までの管理費および修繕積立金に対する弁済として、令和4年7月31日限り、金5,157,330円を、○○銀行○○支店の「弁護士　立原道夫　預り口」名義の普通預金口座（口座番号1234567）に振り込み送金する方法により支払う。

4　被告が前項の支払いを履行したときは、原告は、その余の債務（但し、令和4年8月1日以降の管理費及び修繕積立金債務を除く）の支払義務を免除する。

5　被告が第3項の支払を怠ったときは、被告は、原告に対し、第1項の金員およびうち4,455,590円に対する令和4年8月1日から支払済みに至るまで年15パーセントの割合による遅延損害金、および第2項の金員およびこれに対する各支払い日の翌日から年15パーセントの割合による遅延損害金を支払う。

6　原告と被告は、本和解条項に定めるほか、本件に関し何らの債権債務がないことを相互に確認する。

7　訴訟費用は各自の負担とする。

●事項索引●

【あ行】

明渡催告　162, 164
明渡断行仮処分　106, 107
異常に低廉な賃料　6
訴え提起前の和解　186, 187

【か行】

価格等調査ガイドライン　79
鑑定評価書　209
管理規約　149, 227
管理組合　232
管理者　232
管理費　226, 229
関連事実　208
求償　36
強制執行妨害罪　138
極度額　36
区分所有法59条　10
原状回復　114
原状回復費用　114
権利能力なき社団　232
合意更新　44
公示送達　115
更新拒絶の通知　31
更新料　25
公正証書　186
個人根保証　39
誇大広告等の禁止　168
コワーキングスペース　8

【さ行】

債権者面接　154
財産開示手続　137
財産の分別管理　170
シェアオフィス　8
先取特権　225, 226
差押禁止動産　161
サブリース業者　167

敷金（保証金）　114
執行費用　163
執行補助業者　159, 162
自動更新　44
借地借家法28条　57
社宅　8
借家権価格　15, 77
修繕義務　29
修繕積立金　229
充当　101
重要事項説明　168
出店契約書　8
小規模宅地特例　17
自力救済　114
心証開示型の和解　214
情報提供義務　41
信頼関係　15, 149
信頼関係不破壊の法理　33
すり合わせ型の和解　214
スルガコーポレーション事件　91
正当事由　13, 57
占有移転禁止の仮処分　3
相続税　17
即決和解　106, 108, 186, 187

【た行】

立退料　14
立退料提供の申出時期　66
立退料の支払義務　82
建物明渡断行仮処分　4, 151
担保金　154
遅延損害金　101, 127, 227
駐車場の明渡し　161
調査報告書　209
賃貸住宅管理業の登録　169
賃貸住宅管理業法　167
賃料増減額請求権　30
賃料相当損害金　208
定期借家　7

定期借家契約　28
定期報告　170
動産差押え　161
動産執行　161
特定記録郵便　120
特定承継人　224
特定承継人の責任　226

【な行】

内容証明郵便　120

【は行】

破産申立て　138
バーチャルオフィス　8
標準管理規約　227
表明保証　43
不動産鑑定評価基準　78
不動産鑑定評価書　18
不当な勧誘行為の禁止　167
弁護士費用　227
弁護士法72条　53, 90
法定更新　25, 45
法定充当　127
保証金　114

【ま行】

マスターリース契約　167
民事上の争い　188
無催告解除特約　101
無剰余取消し　226
無資力の抗弁　136

【や行】

家賃保証会社　27, 100
用途地域　21
用法遵守義務違反　148
予納金　159

【ら行】

連帯保証人　27, 99, 113, 132
レンタルオフィス　8

【わ行】

和解協議　214
和解条項　89

〔著者略歴〕

松 浦 裕 介 （まつうら　ゆうすけ）

弁護士（京橋総合法律事務所）

　（略　歴）

平成15年　早稲田大学法学部卒業、司法試験合格

平成17年　弁護士登録

平成27年　京橋総合法律事務所開設

　（主な著書）

『Q&A 高次脳機能障害の交通事故損害賠償実務──医学知識、自賠
責・労災認定、判例分析』（編著）（ぎょうせい）

『事例に学ぶ損害賠償事件入門』（共著）（民事法研究会）

『事例に学ぶ労働事件入門』（共著）（民事法研究会）

『事例に学ぶ相続事件入門』（共著）（民事法研究会）

『行政許認可の実務と書式』（共著）（民事法研究会）

『中小企業のための清算、再建の手法』（共著）（大蔵財務協会）

岩 本 結 衣 （いわもと　ゆい）

弁護士（京橋総合法律事務所）

　（略　歴）

平成26年　同志社大学法学部卒業

平成28年　京都大学法科大学院卒業、司法試験合格

平成29年　弁護士登録、京橋総合法律事務所入所

　（著　書）

『Q&A　高次脳機能障害の交通事故損害賠償実務──医学知識、自賠
責・労災認定、判例分析』（共著）（ぎょうせい）

事例に学ぶ建物明渡事件入門〔第2版〕
――権利実現の思考と実務

令和 4 年11月30日　第 1 刷発行　　　　　　　　定価　本体2,700円＋税

著　　　者　松浦　裕介・岩本　結衣
発　　　行　株式会社　民事法研究会
印　　　刷　株式会社　太平印刷社

発 行 所　株式会社　民事法研究会
　　　　　　〒150-0013　東京都渋谷区恵比寿 3-7-16
　　　　　　〔営業〕　TEL 03(5798)7257　FAX 03(5798)7258
　　　　　　〔編集〕　TEL 03(5798)7277　FAX 03(5798)7278
　　　　　　http://www.minjiho.com/　info@minjiho.com

落丁・乱丁はおとりかえします。ISBN978-4-86556-531-7　C3032　￥2700E
カバーデザイン　関野美香